守護霊インタビュー

金正恩《キムジョンウン》の本心直撃！

大川隆法
RYUHO OKAWA

まえがき

朝鮮半島の軍事情勢が緊迫してきたので、私にできる範囲で、北朝鮮の最高指導者・金正恩《キムジョンウン》の本心を緊急直撃した。

三十歳という若さの割には、わずか一年で老獪《ろうかい》さが増している。国家の全権を掌握するということは、そういうことだろう。

正直言って、南北朝鮮で第二次朝鮮戦争になった場合、現在の韓国の朴《パク》大統領では、この人の奇襲戦法と駆け引きには勝てそうにない。韓国側には、かなりの被害が出ると思われる。

昨日の日本の国会の審議を夜のダイジェスト・ニュースで見ていると、安倍首相は、参院選で大勝してから集団的自衛権の行使（現時点では、国際法上は行使を認められているが、日本国憲法はその行使を禁じているというのが政府の従来の解釈）を認めるという解釈に変えようとしているらしい。

そして、憲法九十六条の改憲手続きをゆるめることを選挙の争点にしようとしているらしい。つまり、参院選（で自民党が大勝する）前には、北朝鮮から攻撃があっても、日本への直接攻撃でなければ、米軍、韓国軍と共同戦線は張れないということである。本書を読めば、金正恩は、すでに日本のこの弱点を知悉《ちしつ》している。

さらにボストン・マラソンでのテロ関与については、言を左右にしたが、以下の疑問が残る。①米国時間で北朝鮮の金日成の記念日（四月十五日）であったこと。②韓国・日本・グアムへのミサイル攻撃が予想されていた日に、米国内での不意打ちのテロであったこと。③オバマ大統領が大統領選の再選にあたって、十分な確証もないのに共和党のブッシュ大統領が「イラクが大量破壊兵器を保有している」と断定してイラク攻撃を開始したことを、共和党候補者攻撃の戦略ポイントとして辛勝《しんしょう》したこと。

この三点について金正恩が十分に理解していたと私は感じとった。つまり、北朝鮮の犯行との確証が得られなければ、オバマ大統領はこのテロを北朝鮮爆撃の材料として使えないことを十分に知り抜いていたということである。自己矛盾に陥《おちい》るからである。私自身は、北朝鮮の特殊工作員がからんでいると思う。米国への恐怖心を増大させるとともに、イスラム過激派とのはさみ打ちの疑念をオバマ氏に抱かせるからである。

金正恩は民主主義の弱点を見抜いて、独裁制の利点をフルに活用するつもりだ。最終結論は早く出しておいたほうがよい。

二〇一三年　四月十七日

幸福《こうふく》の科学《かがく》グループ創始者兼総裁《そうししゃけんそうさい》　大川隆法《おおかわりゅうほう》

守護霊インタビュー　金正恩の本心直撃！　目次

15　今こそ「北朝鮮の武装解除」を　154

「霊言現象《れいげん》」とは、あの世の霊存在の言葉を語り下ろす現象のことをいう。これは高度な悟《さと》りを開いた者に特有のものであり、「霊媒現象《れいばい》」（トランス状態になって意識を失い、霊が一方的にしゃべる現象）とは異なる。

また、人間の魂《たましい》は原則として六人のグループからなり、あの世に残っている「魂の兄弟」の一人が守護霊《しゅごれい》を務めている。つまり、守護霊は、実は自分自身の魂の一部である。したがって、「守護霊の霊言」とは、いわば本人の潜在《せんざい》意識にアクセスしたものであり、その内容は、その人が潜在意識で考えていること（本心）と考えてよい。

なお、「霊言」は、あくまでも霊人の意見であり、幸福の科学グループとしての見解と矛盾《むじゅん》する内容を含《ふく》む場合がある点、付記しておきたい。

守護霊《しゅごれい》インタビュー　金正恩《キムジョンウン》の本心直撃《ちょくげき》！

二〇一三年四月十六日　収録

東京都・幸福の科学総合本部にて

金正恩《キムジョンウン》（一九八三？〜）

北朝鮮《きたちょうせん》の第三代最高指導者。金正日《キムジョンイル》前総書記の三男で、二〇一一年十二月の同氏の死去後、最高指導者の地位を世襲《せしゅう》。現在、朝鮮労働党第一書記、朝鮮民主主義人民共和国国防委員会第一委員長、朝鮮人民軍最高司令官等を務める。

質問者　※質問順

酒井太守《さかいたいしゅ》（幸福の科学宗務《しゅうむ》本部担当理事長特別補佐《ほさ》）

綾織次郎《あやおりじろう》（幸福の科学理事　兼《けん》「ザ・リバティ」編集長）

矢内筆勝《やないひっしょう》（幸福実現党党首）

［役職は収録時点のもの］

1　金正恩《キムジョンウン》守護霊《しゅごれい》から「本心」を引き出す

緊迫《きんぱく》する朝鮮《ちょうせん》半島情勢に心労している安倍《あべ》総理

大川隆法　このテーマは、私としては、そんなにウェルカムではありません（笑）。あまり〝よい役〟ではないので、嫌《いや》は嫌なのです。

それに、「質問者である矢内《やない》党首の〝街宣〟を目の前で聞かされるのも、かなわないなあ」とは思っているのですが（笑）、まあ、しかたがありません。

今、朝鮮《ちょうせん》半島情勢は緊迫《きんぱく》の度《ど》を加えており、「日・米・韓《かん》・中も含《ふく》めて、今後、どうなっていくのか」を読むのは、非常に難しいところかと思います。

また、安倍《あべ》総理の「守護霊《しゅごれい》」というよりも、ほとんど「生霊《いきりょう》」に近いのですが、今日も昨日も、二晩続けて私のところに来ています。昨日は、一昨日《おととい》の夜から朝までいて、今日も、もう朝の四時ぐらいから来ていました。

今日、私には、『長谷川慶太郎《はせがわけいたろう》の守護霊メッセージ』と『守護霊インタビュー 皇太子殿下《でんか》に次期天皇の自覚を問う』（共に幸福の科学出版刊）という本の校正を二冊ほどする予定が入っていて、「まえがき」や「あとがき」を書いたりしなければいけなかったのですが、朝の四時ごろには目が覚めてしまい、夢うつつの状態で「まえがき」の部分を書いていました。

その際、私が安倍さんについて否定的なことを書くと、安倍さんの守護霊（生霊）は「書き直してください」と言ってきて、あくまでも、自分のことは肯定《こうてい》的に書いてもらい、オバマさんのほうを否定的に書いてもらおうとして、一生懸命《いっしょうけんめい》に手を入れてくるような感じだったのです。

そんなことを明け方ごろからやっていたので、なかなか大変でした。

安倍さんも心労しているのだと推定します。「いつミサイルが飛んでくるか」と思って、眠《ねむ》れないのではないでしょうか。即《そく》、起きられるような態勢でいなければいけないし、ほかにも、地震《じしん》速報等で叩《たた》き起こされたりすることもあるでしょうから、実際は、いろいろと困っているのではないかと思います。

訊《き》き方を工夫《くふう》しないと、「本心」を言わない可能性が高い

大川隆法　さて、今日は金正恩の守護霊を呼ぼうと思っていますが、すでに、過去に二回ほど出てきたことがあります（注。一回目の霊言《れいげん》は、二〇一〇年十月十三日に収録し、『温家宝《おんかほう》守護霊が語る　大中華帝国《ちゅうかていこく》の野望』〔幸福実現党刊〕第2章に所収。二回目の霊言は、二〇一一年十二月二十日に収録し、『北朝鮮―終わりの始まり―』〔幸福実現党刊〕第2章に所収）。

いちおう、トップになって一年がたちましたので、かなり自信が出てきて、お強くなっているのではないかと推定いたします。

そのため、「売り言葉に買い言葉」というかたちならやると思いますが、もしかしたら、うまく嘘《うそ》をつく可能性もあります。そこで、万一《まんいつ》のときには嘘を剝《は》がさなければいけないので、いちおう、嘘を剝がす〝専門家〟を一人、質問者に入れておきます。

本当のことを言ってくるかどうかは、分からないのです。

今は、日本中がピリピリしていますし、韓国もピリピリしています。また、アメリカでは、日本時間の今朝、ボストンマラソンのゴール近くでテロがあり、今のところ、「三人死亡、百四十四人負傷」という情報が流れていますが、被害者《ひがい》の人数は、まだ増えるかもしれません。これについて、「どこの犯行か」を確認するのは、かなり難しかろうと思います。

もし北朝鮮が仕掛《しか》けていたならば、もちろん問題ですが、仮にアラブ系のテロ組織がやっているとしても、これは攪乱《かくらん》要因になります。あるいは、もし両者が水面下で提携《ていけい》して攪乱しているのならば、もっと〝うるさい〟ことになりますね。

『北朝鮮の未来透視《とうし》に挑戦《ちょうせん》する』（幸福の科学出版刊）には、すでに、「アラブ系のほうでもテロを起こして、アメリカを攪乱するのではないか」というようなことが書いてあるので、あるいはそうかもしれませんが、監視《かんし》カメラやテレビカメラ等で、どこまで証拠《しょうこ》が遺《のこ》っているかは分かりません。

それから、テロが起きたのは、ちょうど、朝一番のニュースで、「北朝鮮が『予告なしに攻撃《こうげき》を開始する』と発表した」と報道していたころなので、タイミング的にはちょうど合っているような印象を受けなくもありません。

まあ、この事件について訊《き》いても、金正恩の守護霊が本心を言うかどうかは分かりませんしん。なかなか難しいでしょうが、できるだけ頑張《がんば》って質問してみてください。

そうとう尊大になっていると思われますので、けっこう、上げたり下げたりしながら、いろいろやらないと駄目《だめ》かもしれません。もう、北朝鮮のなかでは、「ヨイショ、ヨイショ」されているでしょうから、ワンパターンの訊き方では本心を言わないかもしれませんね。

矢内党首にも〝街宣〟の時間をあげないといけませんので（笑）、あまり前置きが長いといけないでしょう。矢内党首に説得されるかどうか、朝鮮総連の前で街宣をしているような感じで通じるかどうか、見てみたいとは思います。

そして、綾織《あやおり》さんは、「マスコミの代表」という立場になるでしょうかね。

“人間イージス艦《かん》”として、政府やマスコミに情報提供したい

大川隆法　最近、アメリカのケリー国務長官が韓国・中国・日本とグルッと回りましたが、どうやら、「対話で解決しよう」という方針でいるようです。それは、オバマ大統領の意向を汲《く》んでのことだとは思いますが、対話といっても、もう何年もやっておりますからね。いつも、「約束しては、それを破られる」というかたちで、ずっと引き延ばされてきていますので、対話をしても無駄なことのように感じられます。

また、日本の遅《おく》れたマスコミは、「とにかく発射さえしてくれなければいい」というようなことばかり言っています。しかし、発射しなくても、時間をズルズルと引っ張っていかれたら、北朝鮮に、どんどん攻撃態勢をつくられていくので、「決して、先に延びることがよいことではない」と私は思います。そういう、一時的な、「目先の危機さえ起きなければいい」というような考えは、やはり間違《まちが》いであり、もっと大きな戦略が要《い》るのではないでしょうか。

アメリカには、強力な軍事用のスパイ衛星もありますし、ステルス戦闘機《せんとうき》等もあり

ますが、日本にも〝人間イージス艦《かん》〟がいることはいるのです（笑）。こういう状況《じょうきょう》では、しかたがないので、私が〝秘密兵器〟として活躍《かつやく》せざるをえないですね。世の中には、「こういうときに、大川隆法が何かを言うはずだ。そろそろ、何かが出てくるころだ」と思っている人が多いだろうと思うので、やるしかありません。

ちなみに、今朝の朝日新聞の「天声人語《てんせいじんご》」は、北朝鮮に関する内容でしたが、末尾《まつび》のほうで、「今が金《キム》王朝の『終わりの始まり』にも思われるが。」と書いてありました。これは、どこかで聞いたような言葉です（会場笑）。「終わりの始まり」という、どこかで聞いたような言葉で締《し》めくくられていたので、当会の本を読んでいる人は朝日新聞にもいるのでしょう。したがって、情報提供という意味でも、今回の霊言を出しておく必要はあるかなと思っています。

まあ、「北朝鮮と対話する」といっても、対話のしようがないでしょうね。北朝鮮は、ミサイルの〝ヤマアラシ〟状態ですから、どのように対話せよと言うのでしょうか。「話をしたければ、金か食糧《しょくりょう》を持ってこい」という感じでしょうから、もう、どうしようもないでしょうね。

そういう条件交渉《こうしょう》に持っていかれていること自体、すでに敗れているところがあると思うのです。

そこで、今回は、食糧も金も与《あた》えずに、向こうの本音を引きずり出し、日本のマスコミにも情報を提供し、政府筋にも考える材料を提供したいと思います。また、幸福実現党のほうでも、同党の意見を形成するために役立ててもらいたいと考えます。

北朝鮮《きたちょうせん》の三代目最高指導者・金正恩の守護霊を招霊《しょうれい》する

大川隆法　向こうにとっては不本意ではありましょうが、「牽引《けんいん》の術《じゅつ》」で引っ立てて、日本まで連れてきます。

私は、サッチャーさんのように、死んで間もない人でも引っ張ってこられるぐらいですから（『サッチャーのスピリチュアル・メッセージ』〔幸福の科学出版刊〕参照）、生きている人間の守護霊を引っ張ってくるぐらい、わけもないことです。

今、金正恩に最も影響《えいきょう》を与えていると思われる霊人《れいじん》（守護霊）を引っ張ってきたいと思います。

（質問者に）行きましょうか。

おそらく、前回よりも少しパワーアップしているのではないかと推定します。

現在、北朝鮮をめぐって、さまざまな憶測《おくそく》が飛び交《か》い、東アジアの安全に関する情報が錯綜《さくそう》しておりますけれども、北朝鮮の三代目最高指導者・金正恩の守護霊をお呼びし、幸福の科学総合本部にて、その本心をお伺《うかが》い申し上げたいと思っております。

ここは、アメリカの大統領から、イギリスの首相から、ありとあらゆるところの代表者が来ている場所ですので、決して、来られないことはないと考えております。

それでは、北朝鮮の第三代目最高指導者・金正恩の守護霊をお呼びしたいと思います。

金正恩に最も近いところにいて、本人に影響を与えている者、あるいは、本人の意識の一部であっても構いませんし、本人が寝込《ねこ》んでも構いませんので、金正恩の意識にいちばん近い部分を引っ張りたいと思います。

北朝鮮の第三代目最高指導者・金正恩の守護霊よ。その魂《たましい》よ。

どうか、幸福の科学総合本部に来たりて、その本心を明かしたまえ。

（約十秒間の沈黙《ちんもく》）

2 いきなり「献金《けんきん》」を要求する金正恩守護霊

朝鮮《ちょうせん》総連からの送金も止まり、困窮《こんきゅう》している様子の北朝鮮

金正恩守護霊　ウヘッ！

酒井　こんにちは。

金正恩守護霊　ハッハッハッハッハッハッ……。ハッ……。

酒井　もう三回目ですよね。

金正恩守護霊　へへ……。酒井？

酒井　いや、「酒井」ではなくて、「三回」です。

金正恩守護霊　くっだらねえジョークを言うんじゃないよ。ハッ！

酒井　あなた、私の名前をご存じなんですか（笑）。

金正恩守護霊　覚えたよ！

酒井　（笑）覚えましたか。

金正恩守護霊　いやあ、「もう地獄《じごく》の悪魔《あくま》にまで、〝指名手配〟が回ってる」っていう噂《うわさ》だよ。

酒井　ありがとうございます。

金正恩守護霊　有名なんだよ。

酒井　地獄のほうで？

金正恩守護霊　うーん、地獄でも天国でも有名だってさ。

酒井　ほう。

金正恩守護霊　「こいつだけには気をつけろ」ってなあ。「引っ越《こ》しのサカイ」っていってさあ……。

酒井　もう時間がもったいないので、その話はしません。

金正恩守護霊　あ、そうか。

酒井　これは、非常に大きなスクープなんですよ。

金正恩守護霊　スクープ？　で、いくらくれるのよ。

酒井　いや、それはあなたのお話の内容次第《しだい》です。あなたが嘘《うそ》をつかなければ……。

金正恩守護霊　ああ？　献金《けんきん》するのが宗教の仕事だろうが？　え？

酒井　いやいや、あなたのお話の……。

金正恩守護霊　朝鮮《ちょうせん》総連は困っとるんだよ。どうしてくれるんだ。建物を売らなきゃいけないんだよ。ああ？

酒井　あれは、お坊《ぼう》さんが買われたではないですか。

金正恩守護霊　あんたね、やっぱり、自前のもんと人のもんとでは、違《ちが》うだろうが。送金も止まっとるんだよ。

あんたら、宗教なんだったらさあ、鴨緑江《おうりょくこう》を越えて現金を持ってこい！〝お布施《ふせ》〟を。

酒井　今、お金が足りないのですか。

金正恩守護霊　取材するんだったら、あんた、ちゃんと金を持ってこんかい！

酒井　ミサイルを撃《う》ったら、お金が……。

金正恩守護霊　今ねえ、「直撃《ちょくげき》取材して、わしとテレビに出られる」っていったら、そら、もう、かなりの額だなあ。うーん。

酒井　かなりの額ですか。

金正恩守護霊　うん。それはそれは、かなりの額だわ。

質問者に「土下座」を求める金正恩守護霊

酒井　ちなみに、今、この瞬間《しゅんかん》、あなたは何をしていましたか。

金正恩守護霊　ええ？　「何をしてますか」って、もう、最高指導者には、そんな休むときなどない。

酒井　どこにいらっしゃったのですか。

金正恩守護霊　「どこにいらっしゃる」って、君ねえ（笑）。

酒井　はい。

金正恩守護霊　人にものを訊《き》くときの態度を教えたろかあ？

酒井　ええ。どういうふうに……。

金正恩守護霊　土下座してから訊くんだよ。

酒井　いや、それは、この『北朝鮮—終わりの始まり—』という本で、あなたが言っていましたよ。「二〇一二年が日本の最期《さいご》の年になるから、日本人は朝鮮に向かって五体投地《ごたいとうち》をし、謝罪して亡《な》くなっていきなさい」と。

金正恩守護霊　ああ、正しいことを言うとるな。〝真理〟は何度でも繰《く》り返すんだなあ。

酒井　もう、二〇一三年なんですよ。

金正恩守護霊　うーん。

酒井　あなたのはったりには、そういうパターンが多いんです。「二〇一二年は地獄の年になる」と言っていましたけれども……。

金正恩守護霊　だから、日本は地獄だっただろう?

酒井　いや、あなたが……。

金正恩守護霊　あ、わしが地獄かい?

酒井　いや。あなたが何かをして、日本が地獄になるという趣旨《しゅし》の発言だったのですが……。

金正恩守護霊　ああ、そう。それは失敗したね。わしに勝てる相手はいないからな、今、地球上には。

酒井　ただ、少し時期は遅《おく》れましたが、二〇一三年になって、今、日本の安倍《あべ》首相も、眠《ねむ》れずに心配しているような状況《じょうきょう》です。

金正恩守護霊　（『北朝鮮の未来透視《とうし》に挑戦《ちょうせん》する』を指して）こんな悪い本を出すからいかんのだよ。そんなのを読んでたら、眠れなくなる。読まんほうがいいよ。

酒井　（苦笑）いや、それはあなたの責任でしょう?

金正恩守護霊　あ?　絶版にしなきゃ。早く絶版にして、出版社も潰《つぶ》さないといかん。

綾織　ということは、「その内容は、ある程度、当たっている」ということですか。

金正恩守護霊　うん？　だから、そういう〝海賊《かいぞく》出版社〟は、早く潰さないといかんわな。

綾織　それは別にしまして……。

金正恩守護霊　次のテロの標的だな。

3　ミサイル発射騒動《そうどう》の「狙《ねら》い」は何か

「幸福の科学の予言に合わせているんだ」とふざける金正恩守護霊

綾織　『北朝鮮《きたちょうせん》の未来透視《とうし》に挑戦《ちょうせん》する』には、「二〇一三年の夏までに、実際に交戦が始まる」という内容が書かれています。

金正恩守護霊　もう夏は近いな。うーん。

綾織　はい。そのような展開になっていくわけでしょうか。

金正恩守護霊　だから、君らに協力してるんだよ。君らは、週刊誌から、「こんなくだらん本を出して、新聞に広告が載《の》っとる」って、笑われてなあ、からかわれとるんだろ？　かわいそうじゃないか。だから、「期待に応えてやらないといかん」と思って、ちょっと応援《おうえん》しとるんだよ。これで何回目かの〝よしみ〟だからな。

綾織　この本に合わせて動いているのですか。

金正恩守護霊　うん、そうだよ。君らの予言が当たるように。

綾織　シナリオは、これなのですか。

金正恩守護霊　協力してるだけじゃないか。それが外れたら出版社が潰《つぶ》れるだろうが、小さいのが。

綾織　いいえ。そんなことはありません。

「世界のトップの指導者になる」というのが狙《ねら》い

酒井　ケリー国務長官が、北朝鮮について話をしに、韓国《かんこく》・中国・日本と回りましたよね。

金正恩守護霊　ハッ！　蹴りを入れてやりたいぐらいだ、ほんと。

酒井　え？

金正恩守護霊　蹴《け》りを入れてやりたいぐらいの……。
酒井　ジョークにもかなり余裕《よゆう》が出てきましたね。
金正恩守護霊　ああ（笑）。あんなのは、話にならんわ。ハハハ……。
酒井　彼については、どう思われましたか。
金正恩守護霊　ああ、小人物だなあ。
酒井　いや。「人物が大きいか、小さいか」は別として……。
金正恩守護霊　まあ、背が高いけどな。
酒井　ええ（苦笑）。
金正恩守護霊　人物は小さいわ。骨相から見ても、顎《あご》が尖《とが》ってて、あんまりいい相ではないな。あれは貧乏《びんぼう》相だ。

酒井　貧乏相ですか。

金正恩守護霊　うん。あれはね、金が貯《た》まらん相だな。だから、アメリカは財政赤字がこれからもっと膨《ふく》らむな。あいつに任しておくと、もっともっと財政赤字が膨らむ。

酒井　あなたが、「ミサイルを撃《う》つ」と言うことによって、今、世界が、非常に……。

金正恩守護霊　注目されてんだよ。

酒井　注目し始めましたよね。

金正恩守護霊　ああ。わしゃあ、とうとう、あの韓流《ハンりゅう》スターを超《こ》えたなあ。ハッ！

酒井　超えた？

金正恩守護霊　世界に知られるようになった。

酒井　第一段の狙《ねら》いは、何だったのですか。

金正恩守護霊　狙いは、やっぱり、「世界のトップの指導者になる」っていうことだよなあ。

ミサイル発射は〝献金《けんきん》〟を集めるための手段なのか

酒井　でも、ミサイルを発射すると、お金がもったいないではないですか。

金正恩守護霊　そんなことは、君の考えることじゃないだろうが。

酒井　あなたは、どう思われるのですか。

金正恩守護霊　わしは、「ミサイルぐらい、なんぼ撃ってもいい」と思うとる。また
つくったらいいんだからさあ。

酒井　つくるお金はあるのですか。

金正恩守護霊　あって、あってだ。

酒井　しかし、〝有効打〟を打たないと、もったいないですよね。

金正恩守護霊　何言ってんの？　金はこれから集めるんじゃないの？

酒井　どうやってですか。

金正恩守護霊　だから、ミサイルで〝献金《けんきん》〟を集めるんだよ。

酒井　例えば、グアムに撃つ。

金正恩守護霊　ああ、〝献金〟しに来る。

酒井　沖縄《おきなわ》に撃つ。

金正恩守護霊　〝献金〟しに来るよ。

酒井　そうしたら……。

金正恩守護霊　まずは、韓国の大統領が〝献金〟してくれる。その次に、日本も〝献金〟に来るからさあ。

　中国もねえ、もうすぐ〝献金〟するよ。「おとなしくしてくれ」って言って〝献金〟するから。

酒井　そうですか。

金正恩守護霊　ああ。

世界中が緊張《きんちょう》するのを「お祭り気分」で面白《おもしろ》がっている

綾織　「四月十五日前後にミサイルを撃つ」と言われていたわけですが、実際に、動きはありませんでしたね。狙いは何なのですか。

金正恩守護霊　いやあ。いつでもいいけどさあ、面白《おもしろ》いじゃん。世界中が、もう夜も眠《ねむ》れないで、ピリピリしてるんだろ？

綾織　まあ、注目していますね。

金正恩守護霊　いっくらでも引っ張ってやるよ、そんなもん。

綾織　ああ、このまま引っ張っていくのですか。

金正恩守護霊　うん、うん。こちらは、「お祭り」をやってるんだ。

だから、おまえらが眠れないで、もう寝ずの番に耐《た》えられなくなったときが勝負だな。ハッハッ。

綾織　そのときに撃つわけですか。

金正恩守護霊　ああ。一週間以上の緊張《きんちょう》は、なかなかもたんわな。

綾織　では、そのあたりで、一発、二発、撃ってくる？

金正恩守護霊　いやあ、それは分かりませんな。でも、けっこう持ってますよ。そりゃあ、もう、百本を超えて持ってますからね。

実弾《じつだん》が飛んでいないだけで、「戦争」はもう始まっている

酒井　あなたは、戦争のやり方を、いろいろと勉強し、研究していますよね。

金正恩守護霊　もちろん。もう、第一人者だ。まあ、現代のナポレオンみたいなもんだな。

酒井　例えば、かつて、日本は真珠湾《しんじゅわん》を攻撃《こうげき》しました。

金正恩守護霊　うん。

酒井　このときは、要するに、「宣戦布告をしていない」ということで、アメリカに反撃の口実を与《あた》えてしまったわけですが、あなたも、何か、そういう手を使いたいと思っていませんか。

金正恩守護霊　いや、それはアメリカが使いたいのであって、わしが使いたいわけじゃない。

酒井　あなたは、韓国に対して、そういう手を使いたいのではないですか。

金正恩守護霊　アメリカは、「相手のほうが悪い」っていうことを仕立て上げたいんであってな。

酒井　では、あなたは、宣戦布告なしに撃ち込《こ》むつもりですか。

金正恩守護霊　いや、「宣戦布告なし」っていうか、宣戦布告は、もう、とっくに終わってるがね。あんた、何言ってんだよ。戦争が始まっていないんじゃなくて、もう、とっくに始まってるんだよ。

酒井　朝鮮戦争は、休戦から、また交戦状態になったと？

金正恩守護霊　戦争はもう始まってるの。

酒井　そういう認識なんですね。

金正恩守護霊　実弾《じつだん》がまだ飛んでないだけで、戦争は始まってるの。

酒井　それでは、どちらが先に撃とうと、もう関係ないわけですね。

金正恩守護霊　（攻撃の）準備をしているだけで、もう始まってるの。

北朝鮮《きたちょうせん》は「撃《う》つ撃つ詐欺《さぎ》」なのか

矢内　私は、幸福実現党の矢内と申します。

金正恩守護霊　君、なんか、わしの影武者《かげむしゃ》ができそうな顔をしとるな（会場笑）。

矢内　影武者……（苦笑）。

金正恩守護霊　眼鏡《めがね》を外したら、いけるんじゃないの？

矢内　昨日、床屋《とこや》に行って、側面を短く切ったので、少し似てしまったかなと思っています。

金正恩守護霊　なんか、刈《か》り上げて、似てきたよな。うーん。ちょっと年を取ってるので、まあ、親父《おやじ》の影武者かも……。親父が生き返ったような感じだ。

矢内　今、おっしゃっているように、北朝鮮《きたちょうせん》は、今日、韓国に対して、「予告なしの報復行動を取る」と、最後通牒《つうちょう》のようなことを言っていますね。

金正恩守護霊　韓国は、いじめがいがあるわなあ。

矢内　最近、そうとう大暴《おおあば》れをされていますけれども、ただ、おっしゃればおっしゃるほど、「撃つ撃つ詐欺《さぎ》」というか、口先詐欺ではないかと言われているんですよ。

金正恩守護霊　いやいや、撃つのは簡単だよ。別に、一日で撃てるから、詐欺にはならねえさ。撃つのは撃つけど、時期だけ特定してないだけさ。別に、撃てば詐欺にならないんだろ？　そんなの、いつでも撃ってやるさ。

4　アメリカと本気で戦争するつもりか

「世界に北朝鮮《きたちょうせん》の恐《おそ》ろしさを知らしめる」というのが第一

矢内　ただ、このまま挑発《ちょうはつ》行動を続けますと、アメリカも韓国《かんこく》も、まあ、日本も含《ふく》めて、堪忍袋《かんにんぶくろ》の緒《お》が切れ、戦争状態になる可能性が出てきます。

金正恩守護霊　今、世界はねえ……。

矢内　どのくらい本気で、アメリカ相手に戦争をするつもりでいるのですか。

金正恩守護霊　いやあ、「世界に北朝鮮《きたちょうせん》という国の恐《おそ》ろしさを知らしめる」っていうことが第一だよね。だから、まず、立派な君主っていうのはねえ、マキャベリが言ってるように、まずは、恐怖心《きょうふしん》だな。恐怖心を抱《いだ》かさないと駄目《だめ》なんだよ。

だからねえ、もう、まさしく恐怖心を感じて、日本も、アメリカも、韓国も、みんな、あれじゃない？　早くも条件を出してきそうな感じだからな。

綾織　今後は、どう展開させていくつもりなのですか。

金正恩守護霊　ええ？

綾織　ミサイルを、どこかで撃《う》つとして、さらに、その先、恐怖心を感じさせるために何をやりますか。

金正恩守護霊　いやあ、中国が（北朝鮮を）説得したけりゃさあ、向こうは、石油の供給と食糧《しょくりょう》の供給を約束せざるをえないだろうなあ、少なくともなあ。

綾織　はい。

金正恩守護霊　そしたら、また戦えるわな。

矢内　一連の脅迫《きょうはく》、挑発行為《こうい》によって、先ほども少し話が出ましたが、今、アメリカが、かなり対話路線というか、軟弱《なんじゃく》な外交に転じようとしています。このあたりは、「作戦どおり」という感じですか。

金正恩守護霊　まあ、わしのほうが、オバマより十倍ぐらい頭がいいんと違《ちが》うかな？　そんな感じがするわ。

綾織　うーん。

金正恩守護霊　あれはいかんな。やっぱり、金日成《きんにっせい》軍事総合大学っていうのは、世界一の大学だな。ここで勉強した人は、世界一だ。

綾織　「今後、オバマ大統領は、どう判断し、どう動いていく」と見ていますか。

金正恩守護霊　金がないらしいからなあ。

綾織　はいはい。

金正恩守護霊　金がないからさ。金がないなりの「口だけの戦い」をしようとするんだろうから。口だけだったら、うちは、アナウンサーでも戦うからなあ。

綾織　もし、戦闘《せんとう》が始まったら、アメリカは、空爆《くうばく》とかに動くかもしれませんけれども……。

金正恩守護霊　別にいいよ。空爆したけりゃ、したらいいよ。

その代わり、韓国国民は、もう何十万人死ぬか、分からんからね。何百万人かもしらんなあ。「アメリカが空爆する」って言うことで、何十万、何百万の人が死ぬわけだ。オバマに、その責任が取れるんか？　まあ、ここにかかるわなあ。

「アメリカの特殊《とくしゅ》部隊を返り討《う》ちにする」と豪語《ごうご》

酒井　あなたが、ビン・ラディンのようになる可能性もありますよ。

金正恩守護霊　なんで？　わしは国家の指導者だよ。あんなゲリラの長とは違うぞ。

酒井　ただ、攻撃《こうげき》の手法としてはありうると思います。

金正恩守護霊　わしは、国家だ。国連にも加盟してる正式な国家の指導者だから……。

綾織　実際に、アメリカ軍は、特殊《とくしゅ》部隊の派遣《はけん》を検討し始めているようです。

金正恩守護霊　北朝鮮も、昔の日本に学んでだなあ、〝忍者部隊〟を持っとるから、特殊部隊が来たら返り討《う》ちにする。今、訓練をやっとるんだ。

矢内　うーん。

金正恩守護霊　アメリカの特殊部隊が来たら、ねじ伏《ふ》せて殺す訓練を、今、やっとる最中なんだ。ずーっと待ってるんだよ。

綾織　無人機による攻撃もありますし、いろいろなやり方がありますので。

金正恩守護霊　今、パラシュートで降りてくるのを待ってるからさ。それで、来たら、返り討ちにするからね。

矢内　言葉は威勢《いせい》がいいのですが、国際世界の現実、特にアメリカの軍事力を知っている人間から見ると、例えば、北朝鮮がミサイルを撃つなりして戦争行為に近づいてきたときに、アメリカが本気になったならば、短時間で、原潜《げんせん》などから、何百発もの巡航《じゅんこう》ミサイルが、あなたの頭上に降りかかってきますよ。

金正恩守護霊　そりゃあ、あんたねえ、考え違い……。

矢内　これは常識です。

金正恩守護霊　あんたねえ、非常識なんだよ。

矢内　それなのに、なぜ、そんな行動を取るのかが不思議ですね。

金正恩守護霊　アメリカが日本に原爆を落とすまでのシナリオを、もう一回、よう考えてみたらいいわ。日本は、空母艦隊《かんたい》で決戦を挑《いど》んでね、パールハーバーを奇襲《きしゅう》して、戦艦を沈《しず》めて、三千人以上を殺してさあ。あと、南方戦線に展開して、パラシュートをいっぱい降ろして、いろんな国を占領《せんりょう》して、それで、イギリスの戦艦も沈めてさあ。ヨーロッパの軍隊を全部蹴散《けち》らしてさあ、二千万人は殺した（注。この数字は、あくまでも霊人《れいじん》の主張であり、事実とは異なる）。

そのあと、四年近くたって、最後にやっと原爆を落としたんだよ。原爆を落とすには、そのくらい手続きが要《い》るんだよ。ポコンと、ちっちゃなミサイルを撃ったぐらいで、いきなりねえ、あなた、そんなことはできんのよ。分かってるの？

「核《かく》の小型化に成功した」というのは本当か

酒井　そうすると、「まだ、核弾頭《かくだんとう》は小型化できておらず、ミサイルには積めない」ということですね。

金正恩守護霊　なんで、そんなことになるわけ？

酒井　あなたは通常ミサイルしか撃たない？

金正恩守護霊　何言ってるのよ。

酒井　核は搭載《とうさい》しないのでしょう？

金正恩守護霊　（苦笑）あんたねえ、最初から、いきなり「王手」なんかするわけないでしょう？　バカなことを言うんじゃないよ。

酒井　その「王手」は、いつやるのですか。

金正恩守護霊　「王手」は、そりゃあ、いちばんタイミングのいいときにするに決まってるじゃん。

酒井　あなたのタイミングというのは？

金正恩守護霊　うん？

綾織　また四回目の核実験を……。

金正恩守護霊　うちの性能は、みんな、分からないんだからさあ。性能が分からないところが恐怖を生んどるんだろ？　だから……。

酒井　「それは核ミサイルを完成させるまでの時間稼《かせ》ぎだ」と、私は見ているのですが。

金正恩守護霊　いやいや。だから、「まさか」と思うときに、性能のいいところを見せなきゃいけないわけで……。

酒井　それで、小型化のために、四回目の核実験をしないといけないわけですよね？

金正恩守護霊　いえいえ。そんなことはないよ。もう、次は撃ち込《こ》むだけです。

酒井　小型化しているのですか。

金正恩守護霊　うん。次は、撃ち込んで、目標に当たるかどうかだけの実験です。

綾織　「テポドンはアメリカに届く」と言われていますが、それにも搭載できるのでしょうか。

金正恩守護霊　だから、ケリーなんか狙《ねら》ったってしょうがねえからさあ、もうちょっと大物が、どっかに集まるのを待ってるんだよ、今。そのうち、（大物が）出てきてウロウロすると思うからさあ、待ってるんだよ。

酒井　ああ。なるほど。

綾織　それは、「首脳が集まるような場を狙う」ということですか。

金正恩守護霊　月曜日、天皇陛下が逃《に》げただろ？　なあ（注。四月十五日、天皇皇后両陛下は、初の私的旅行で長野に向かわれた）。

綾織　ははあ。そうすると、十五日に東京を狙うことを考えていましたか。

金正恩守護霊　ちょっとなあ、ケリーじゃ、撃つ気はせんけど、オバマが来とったら撃ったかもしらんなあ。

綾織　ほお。

金正恩守護霊　これは面白《おもしろ》いよな。

酒井　それは、通常ミサイルですよね？

金正恩守護霊　いや、分かりませんなあ。それは分かりませんけどもね。まあ、もうちょっと面白いタイミングでやって……。

「アメリカの空母を潜水艇《せんすいてい》で沈《しず》めよう」と狙《ねら》っている？

酒井　ただ、「空爆されても構わない」というのは、少し言いすぎではないですか。

アメリカを軽く見すぎているのではないでしょうか。

金正恩守護霊　え？　別に大丈夫《だいじょうぶ》ですよ。だって、今の状態で、アメリカが徹底的《てってい》に北朝鮮を全滅《ぜんめつ》させるぐらいの空爆をしたら、アメリカは、国際社会からつまはじきだよ。

酒井　いやいや。例えば、あなたがミサイルを撃って、「オバマを殺してしまった」とか、「ケリーを殺してしまった」とか、あるいは在日米軍でもいいですが、多数の死傷者が出たら、アメリカは世論《よろん》の国ですから、黙《だま》っていないですよ。

金正恩守護霊　俺《おれ》なあ、今ねえ、「アメリカの空母を一つ沈《しず》めてやろう」と思うとるのよ。そのうち空母が来るだろうから、空母を潜水艇《せんすいてい》でちょっと沈めてやろうと思ってるんだよ。これは、だいぶ練習してるからね。夜の海で襲《おそ》うのを、だいぶ練習してるんだ。

5　「ボストンのテロ事件」との関係を訊《き》く

あまりにも符合《ふごう》しすぎるタイミングで起きた事件

綾織　「アメリカに対して何をするか」という部分では、今日、ボストンマラソンでの爆破《ばくは》テロがあったわけですが……。

金正恩守護霊　ああ、そう？　ふーん。

綾織　現地の日付では十五日なので、金日成《キムイルソン》将軍の生誕の日ということで、もしかしたら、北朝鮮《きたちょうせん》と関係があるかもしれないと……。

矢内　太陽節なんですよね。

金正恩守護霊　そんなこと、「私がやった」と言うと、君らは思ってるわけ？　ハッ！

バカじゃないか。

綾織　それは分かりませんけれども、確かに、意味深ではありますよね。

金正恩守護霊　そういうふうに言ってくれたら、警察は楽だろうなあ。尋問《じんもん》して、「はい、私がやりました」って言ってくれれば……。

酒井　ということは、あなたは、やはり、この霊言《れいげん》を非常に価値のあるものとして認識されているわけですよね。

金正恩守護霊　そんなの知らんよ。〝潰《つぶ》れかけ〟の出版社を救済しようとして出してるんだろう？　君らが潰れんようにな。まあ、たまにからかうのも面白《おもしろ》いから、出てきてやってるんじゃないか。日本人に、わしの貴重なメッセージを届けてやるのは、大事なことじゃねえか。ええ？

矢内　ただ、タイミング的には、見事にドラマティックといいますか、後世の歴史に遺《のこ》るぐらい、あまりにも符合《ふごう》しすぎるタイミングなので、「おそらく、特殊《とくしゅ》部隊など、専門のプロが仕掛《しか》けただろう」と言われています。

金正恩守護霊　うーん。そうだね。

矢内　今回のテロ事件は、北朝鮮から見て、どのように思いますか。

金正恩守護霊　うーん、かわいそうなことにねえ、イラン人とか、アルカイダとか、あるいは、北朝鮮人と間違《まちが》えて韓国《かんこく》人がいっぱい引っ張られたりして、調べられるようになるわけだ。これからなあ。

酒井　なるほど。

金正恩守護霊　かわいそうになあ。在米韓国人とかは、わしらと区別がつかんからさあ、これから被害《ひがい》をこうむるだろう。

金正恩はテロが続くことを警告してくれる〝親切〟な人？

綾織　そういう、アメリカ国内での混乱を狙《ねら》っているわけですか。

金正恩守護霊　新聞的には面白いだろ？

矢内　普通《ふつう》に考えると、アメリカは、こういうテロ事件が起きると、国内の国民の保護のため、総力を挙げて、ものすごいエネルギーでそちらに意識が向きますので、どうしても北朝鮮のほうは手薄《てうす》になってしまうと思われるんですね。

金正恩守護霊　「B2爆撃機《ばくげきき》で爆撃したところで、テロは止められない」っていうのを、アメリカ国民に知らせないといかんわなあ。テロが五年十年続くと、もうみんな神経に来てしまって、アメリカ人は次々と発狂《はっきょう》するからね。まあ、あらかじめ、そういうことを警告しておいてやる必要はあるね。〝親切〟な人間であれば、あらかじめ、そう教えといてやらないといとね。

綾織　逆に言うと、やはり、そういうのは……。

金正恩守護霊　え？　「核《かく》兵器での戦いだけじゃないんだよ」ということを教えてやらないといといけない。

矢内　正恩さんは、けっこう〝親切〟な人なのでしょうか。

金正恩守護霊　親切なんだよな。

矢内　あ、そうですか。

綾織　これも、声明を出さないことで、恐怖心《きょうふしん》を、どんどん煽《あお》っていこうとしているわけですね。

金正恩守護霊　別に、「声明を出さない」っていうことでなくて、「もうとっくに戦争は開始された」と言ってるじゃないの。

綾織　はいはい。戦争の一環《いっかん》で、そのテロをやったと？

金正恩守護霊　いやあ、それは、うちがやったかどうかは分からんのだ。うちが、イラン人を雇《やと》ってやっとるかもしらんし、アルカイダを雇ってやっとるかもしらん。あるいは、うちがやっているように見せて、アメリカが自作自演をやってるかもしらん。うちは、絶対、そう言いたいだろうなあ。アメリカが、「これは北朝鮮がやった」って断定したら、うちの報道官は賢《かしこ》いから、「そんなことはない。これは、北朝鮮を攻《こう》撃《げき》するために、アメリカが自作自演したんだ」と言うだろうねえ。証明できないじゃない。

東京ディズニーランドを占領《せんりょう》して北朝鮮《きたちょうせん》特区にしたい

綾織　北朝鮮《きたちょうせん》が、今後、どうするのか、分かりませんけれども、もし、テロを計画するとしたら、アメリカだけではなく、日本も対象になりうるのでしょうか。

金正恩守護霊　日本は、「いじめがい」があるところだよなあ。安倍《あべ》総理も、ちょっとは知恵《ちえ》を使ったらどうなんだ？　なあ。

「金正恩様ご一行様を、東京ディズニーランドに一週間ご招待いたします」とか何とか、その程度の……。

綾織　あなたは八歳《さい》のときにディズニーランドにいらっしゃったそうですけれども。

金正恩守護霊　ええ？　その程度の罠《わな》ぐらいを仕掛けても、まあ、食いつくわけがないけれどもさあ、多少は努力したらどうだね？　ほんとに知恵がないよな。

綾織　ディズニーランドは大好きですよね。

金正恩守護霊　いやあ、あれ、欲《ほ》しいなあ。なんか、占領《せんりょう》したい感じがする。

綾織　欲しいですか。

金正恩守護霊　空挺《くうてい》部隊がディズニーランドに降りる可能性があるなあ。

綾織　北朝鮮でも、ディズニーランドもどきをつくっていますよね。

金正恩守護霊　ああ、あれは欲しいなあ。うーん。占領したいねえ。特区をつくろう、北朝鮮特区。あそこはいいなあ。収入にもなるだろうしなあ。

矢内　ボストンマラソンのテロ事件に話を戻《もど》しますが、日本は……。

金正恩守護霊　あんたねえ、正直に言うわけがないんだからさあ、時間の無駄《むだ》だよ。

矢内　いやいや。それは、別にいいですけれどもね。

金正恩守護霊　まあ、いいか。

6　金正恩が目指す「今回の勝利」とは

矢内　では、質問を変えます。

中国の人民解放軍などもそうなのですが、今、新しい戦争のかたちとして、「非対《たい》称《しょう》戦」というものを始めているんですよ。

金正恩守護霊　ふーん。

矢内　「同じような武器を使って行う通常の戦争だけではなく、情報戦とか、工作とか、テロも含《ふく》めて、まったく相手国が想像もしないような攻撃《こうげき》をして、トータルで勝ちを収めていく」というものですが、これを、今、中国の人民解放軍などが進めています。金正恩さんなら、そのあたりのことは、ご存じですよね。

金正恩守護霊　まあねえ、私は、軍事の天才なんですよ。軍事知識については、もう十年以上、教育を受けとるんですよ。

だから、君らのような素人《しろうと》が考えるようなもんじゃないんだよ。

綾織　それは、お話を伺《うかが》っていて感じます。

金正恩守護霊　うーん。

綾織　今、アメリカに対して揺《ゆ》さぶりをかけていくなかで、アメリカのほうから、対話路線を引き出したわけですが、ここから米朝交渉《こうしょう》のような展開に持っていくことを考えているのですか。

金正恩守護霊　うちには何も損することはないでしょうね。「ミサイルを発射するぞ」って言うだけで、物をもらえるし、（アメリカを）屈服《くっぷく》させられるからさ。

経済制裁だとか、いろいろ言ってるけど、全部、解除になってきて、もうすぐ、国連事務総長（韓国《かんこく》の潘基文《パンギムン》氏）は泣きついてくるよ。

そして、国民が、「ああ、うちは勝った！」と思えば、それで勝ちさ。まあ、実際上、勝ちだな。

綾織　なるほど。食糧《しょくりょう》やエネルギーをもらうかたちになるわけですね。

金正恩守護霊　うん。

それから、アメリカが（北朝鮮《きたちょうせん》を）攻撃できなかったら、できなかったで、それは、「『北朝鮮が、核《かく》保有国として、世界の大国になった』と承認した」ということだ。

今は、一生懸命《いっしょうけんめい》、「認めない、認めない」って言ってるけどなあ。

綾織　「実際に、アメリカまで届く核ミサイルができるタイミングは、一〜二年後だろう」と言われていますが、そのくらいのスパンなのでしょうか。

金正恩守護霊　うーん。ケリーとかが、「ない、ない」と言うてる。「まだ、核はできてない」だの、「実用化できてない」だの、「核大国と認めない」だのと、一生懸命、言うとるんだろうけど、証明してやるのは簡単さ。

ただ、その前に、もうちょっと恐怖心《きょうふしん》で凍《こお》りつかせないといけないんでな。

綾織　それは、そう遠くないわけですか。

金正恩守護霊　「いつでも」です。だけど、「最も効果的なやり方で」です。

酒井　ただ、アメリカに対する、あなたの目的は、食糧やエネルギーを奪《うば》うことではなく、韓国から米軍を撤退《てったい》させることですよね。

金正恩守護霊　まあ、アメリカには、意外にバカなところがあるからさあ。それに、民主党政権だから、本気で、中国に、うちを説得させようとしてるんだよなあ。本当に弱い国だなあ。私は、あんなにひどい指導者にはなりたくはないな。

7　中国人民解放軍との関係

「瀋陽《しんよう》軍区とは共存《きょうぞん》し合っている」という認識

矢内　北朝鮮《きたちょうせん》のバックに、中国の人民解放軍の瀋陽《しんよう》軍区がありますよね。あのあたりは、いろいろな意味で、あなたとも仲良くしていて、どうやら、北朝鮮に、軍事的な技術援助《えんじょ》なり、経済援助なりをしているようなのですが、実際には、どうなのでしょうか。

金正恩守護霊　うん、そうなのよ。賄賂《わいろ》をかなり渡《わた》してるからさあ。

中国から北朝鮮には、油とか、いろんな援助物資等が来るけど、一部はキックバックして、瀋陽軍区の奴《やつ》らに食わしてやってるのよ。

彼らは、賄賂をもらってる。もう、日ごろから飼いならしてるのよ。

だから、〝北京《ペキン》〟の言うとおりに動くと思ったら、大間違《おおまちが》いだ。

矢内　瀋陽軍区の幹部には、かなり、朝鮮族の方もいらっしゃいますよね。

金正恩守護霊　そうだね。あのへんの民族には、もともと、純粋《じゅんすい》な漢民族とは、ちょっと違うのがいるからね。

綾織　「北朝鮮は、瀋陽軍区にコントロールされている状態ではない」というわけですね。

金正恩守護霊　まあ、何とも言えない関係だなあ。

綾織　共存《きょうぞん》関係ですか。

金正恩守護霊　相身互《あいみたが》いだなあ。まあ、お互いに共存し合ってる関係かなあ。「完全に習近平《しゅうきんぺい》が押《お》さえてる」っていうことはないなあ。ただ、北京は、うちと対話するとき、必ず、手土産《てみやげ》が必要になるけどね。

矢内　うーん。

金正恩守護霊　まあ、あそこ（瀋陽軍区）には、ちゃんと、一部が落ちるようになっとるからさ。

習近平《しゅうきんぺい》に向けられる「強気な態度」

酒井　習近平《しゅうきんぺい》は、あなたのことを、単なる「犬」というか、「実験台」ぐらいにしか思っていないようなのですが。

金正恩守護霊　まあ、あっちは「豚《ぶた》」だ。わしが「犬」なら、向こうは「豚」だわな。

酒井　あなたは、本当に戦えるのでしょうか。

金正恩守護霊　どこと？

酒井　「習近平と」です。

金正恩守護霊　何しに戦わないといかんの？

酒井　いや、「向こうは『豚』だ」とか言うのであれば……。

金正恩守護霊　あれは、外貨が貯《た》まっとるから、〝血〟を抜《ぬ》いてやらないといかんのだ。

酒井　あなたは、実験台として使われていることに関し、「そのままでいい」と思っているのですね。

金正恩守護霊　いや、「実験台として使ってる」と思ってるのは向こうであって、こちらは「使われてる」とは思ってないよ。

酒井　それは、瀋陽軍区との関係があるからですか。

金正恩守護霊　もうすぐ、韓国《かんこく》を併合《へいごう》するからね。朝鮮半島の統一をして、核《かく》兵器を持った七、八千万人の統一国家ができれば、日本だって脅《おど》せるし、中国本土だって十分に怖《こわ》がる。

「PAC《パック》—3《スリー》の有効性」を完全否定する金正恩守護霊

酒井　そのシナリオの第一段階が、今回のミサイル発射ですね。

金正恩守護霊　ミサイルは、すでに去年、発射したじゃないか。できるのは分かってるじゃん。

酒井　いや、日本などに、直接被害《ひがい》が出たわけではありませんから。

金正恩守護霊　あのねえ、わしは正直な人間だけども、君ら、かわいそうな日本人は、騙《だま》されてるから、それについて忠告申し上げたい。

PAC《パック》―3《スリー》だか、何だか知らんけど、「迎撃《げいげき》ミサイルで撃《う》ち落とせる」なんて言われて、アメリカから、あんな高い偽物《にせもの》の兵器を、いっぱい買わされとるんだろう？

あんなので撃ち落とせるわけがないんだよ。この前、打ち上げたミサイルを見たら分かる。成層圏《せいそうけん》外に飛び出しとるだろう？　上から落ちてくるんだよ。こんなやつを、あんな射程二、三十キロのミサイルで撃ち落とせると思っとるわけ？

この前、何もできなかった理由は、打ち上げた距離《きょり》が高すぎるからよ。だから、全然できないのよ。

上に打ち上げられたら、どこに落ちるかは、全然、予測できないの。だから、まったくの無駄《むだ》。

しかも、日本に届くまで、七分しか、かからないのよ。あんたがたは、アメリカの軍需《ぐんじゅ》産業に、金を巻き上げられてるんだよ。

綾織　そのとおりかもしれませんけれども……。

金正恩守護霊　そうなんだよ。あんな物《もん》、全然、当たらない。「九十パーセント当たる」なんて、まったくの嘘《うそ》ですからね。「まっすぐに撃ってきてくれたのに当てるのが、九十パーセント」っていうことで、予想しないときに、予想しない方向から撃ってきたら、まったく当てられない。君ら、金をただ取りされてるんだよ。

あれは、駄目ですからね。

中国は、北朝鮮《きたちょうせん》よりも先に韓国《かんこく》を併合《へいごう》するのか

綾織　確かに、日本としては、別の準備が必要だとは思いますし、「敵基地攻撃《こうげき》能力」について検討する動きも出てきています。また、それが、いちばん効果的なのかもし

れません。

金正恩守護霊　まあ、今は、「アメリカ軍の展開しているところや、原発施設《しせつ》、自衛隊があるところ、あるいは、大都市を攻撃する」と言って、脅してるわけだ。これは、中国の利益にも適《かな》ってることなので、実は、これを言い続けるかぎり、中国は、うちに対してダメージを与《あた》えることはできないんだ。

制裁してるふりをすることはできるけれども、実際にやってるかどうかは確認しようがないからな。

矢内　最近、あなたが大暴《おおあば》れしているときに、中国人民解放軍のうち、瀋陽軍区とはまた別に、北京軍区や南京《ナンキン》軍区から、戦車部隊やミサイル部隊など、かなりの陸軍が北朝鮮《きたちょうせん》の国境付近に集まって、陣《じん》を敷《し》いています。

そのあたりのことは、ご存じですよね。

金正恩守護霊　うーん。

矢内　「中国は、北朝鮮が大暴れし、アメリカと戦争になって潰《つぶ》れてしまった場合、一気に入り込《こ》んで、中国寄りの傀儡《かいらい》政権をつくろうとしている」とも言われているのですが、こういう中国の動きについて、どう思いますか。

金正恩守護霊　中国は、韓国《かんこく》を取り込みにかかってるからさ。昔と一緒《いっしょ》で、属国化しようとしてるから、うちより韓国のほうが、先に中国に併合《へいごう》される可能性があるわなあ。

8 韓国《かんこく》と日本に対する戦略

「青瓦台《せいがだい》などイチコロだ」という恫喝《どうかつ》

綾織　韓国《かんこく》は、今、朴《パク》大統領になりましたが、どのように見ていますか。

金正恩守護霊　もう、問題外だね。

綾織　問題外？

金正恩守護霊　人物がいないんだな。韓国は、人材が枯渇《こかつ》したんだ。

綾織　今回、朴大統領から、「話し合いをしましょう」と言い出しました。

金正恩守護霊　話し合いっていうのは、「なんぼ出すか」っていうだけの話だからな。

酒井　エドガー・ケイシー霊《れい》のリーディングによると、「第二次朝鮮《ちょうせん》戦争が始まったとき、朴大統領は、イニシアチブが感じられない状態になっている」とあったのですが（前掲《ぜんけい》『北朝鮮の未来透視《とうし》に挑戦《ちょうせん》する』参照）、これは、どういうことなのでしょうか。

金正恩守護霊　わしがいるから構わないじゃない。統一するのはわしだから。統一朝鮮だから。

酒井　青瓦台《せいがだい》（韓国大統領官邸《かんてい》）を攻《せ》めて、拉致《らち》してしまうのですか。下に、トンネルを掘《ほ》っていますよね。

金正恩守護霊　青瓦台へ撃《う》ち込《こ》んだら、そのときは死んでるから、もう、それで終わりだ。

酒井　「速攻《そっこう》で行くのが、北朝鮮の基本戦略だ」と、ケイシーはリーディングしていました。

金正恩守護霊　うん。一発で死んでるから、もう終わりだよ。彼女は、自分が死ぬことを前提にしてる。「政治的判断抜《ぬ》きで軍部が動いていい」って言ってるのは、自分が一発で殺されるのを知ってるからさ。殺されて指示が出せないから、「軍部のほうで反撃してください」って言ってるんだ。

酒井　そういうことなのですね。

金正恩守護霊　もう、一撃で殺されるのを知ってるよ。青瓦台なんか、そんなの、イチコロだ。集中して撃ち込んだら、それで終わりだよ。近いもんね。逃《に》げることも、撃ち落とすこともできないわ。

「中国との軍事的関係」について本音を明かす

酒井　ただ、あなたの、そういった動きに関しては、瀋陽《しんよう》軍区は、当然、知っていますよね。

金正恩守護霊　あんたね、向こうが操作してると思ってるところに間違《まちが》いがあるわけよ。うちが操作してる可能性もあるわけだし、うちがあっちを乗っ取る可能性もあるわけよ。それを、まだ分かってないよね。

酒井　「瀋陽軍区を」ですか。

金正恩守護霊　うん。そうよ。

酒井　向こうから兵站《へいたん》をもらっているのではないのですか。

金正恩守護霊　それは、万一《まんいつ》に備えてるわけだ。ちゃんと子飼いをつくってるかもしれないでしょう?

酒井　なるほど。

金正恩守護霊　「そのときには、おまえを中国の指導者にしてやる」という条件で、向こうを乗っ取ることもありえるわけよ。

酒井　「朝鮮半島自体が中国化している」という、もっと先のリーディングもあるのですが（二〇一二年三月三日、「未来世透視リーディング」にて）、要するに、あなたも、最後には、捨てられる目に遭《あ》うわけです。そのことが分かりますか。

金正恩守護霊　そんなことはない。南鮮《なんせん》（韓国）を働かせて、お金を貢《みつ》がせれば、それで済むことだ。

酒井　中国との軍事的な関係においては、「あなた自身もイチコロだ」とは思いませんか。

金正恩守護霊　私がイチコロなわけないでしょう。私の、この姿を見りゃあ、影武者《かげむしゃ》がいくらでもいることぐらい分かるでしょう。

中国には、「内戦を起こそう」っていう動きはあるけれども、とりあえず、中国は、うちに利用価値がある間は使おうと思ってるだろうね。

北朝鮮を、簡単にアメリカや日本、韓国に落とされるようだったら、彼らの海洋戦略が全部潰《つぶ》れてまうからねえ。

「日本をめぐって、中国との先陣《せんじん》争いが起きる」という想定

酒井　あなたは、韓国に勝ったとしても、その後のシナリオまで考えていますか。

金正恩守護霊　日本を取るんだよ。

酒井　中国との関係は、どうしますか。

金正恩守護霊　次は、「日本を、中国が取るか、統一朝鮮が取るか。どっちが先に取るか」っていう先陣争《せんじん》いだ。

酒井　そうすると、中国とはライバルになりますよね。

金正恩守護霊　うん、そうだよ。

酒井　中国に勝てるのですか。

金正恩守護霊　だって、うちのほうが近いわなあ。釜山《プサン》から日本を攻めるのは簡単だね。

酒井　ただ、歴史的に、朝鮮半島は、必ず、ロシアや中国のような大国に取られていますよね。

金正恩守護霊　今、ロシアは大したことないじゃない。ロシアには、われらと戦うだけの気力は、今はないよ。

酒井　歴史的にも、中国に完全に占領《せんりょう》されてますよね。

金正恩守護霊　ロシアは、この機に乗じて北海道を取りに来るだろうなあ。

「二千年に一人の〝天才軍事指導者〟だ」との自画自賛

綾織　プランとしては、だいたい、いつごろを考えているのですか。

金正恩守護霊　わしは、戦略家だからね。世界を同時に動かすからね。いろんな戦略を巡《めぐ》らしてる。

綾織　今は、こういう挑発行為《こうい》で揺《ゆ》さぶりをかけて、交渉《こうしょう》に入っていくのでしょうけれども、どこかの時点で、南に侵攻《しんこう》していくのですか。

金正恩守護霊　いや、韓国は絶対に取るよ。絶対に取る。中国の領土にされる前に、わしが取る。それは間違いない。

綾織　そのタイミングとしては、韓国が新しい政権になり、動き出しが鈍《にぶ》いときにやるのがいいわけですか。

金正恩守護霊　動き出してるんだけど、頭が鈍いんだよ。あれは、どうにもならないの。あんな人材しかいないってこと自体で、もう、韓国は終わりなのよ。

わしみたいな、千年か、二千年に一人しか出ないような〝天才軍事指導者〟が出てきたら、もう勝ち目がない。

綾織　それは分かりませんけれども。

矢内　あなたこそ、世界的には、「小学生が刃物《はもの》を持って暴《あば》れているようだ」と言われていますよ。

金正恩守護霊　そういうふうに、矮小化《わいしょうか》しちゃいけないな。

安倍《あべ》首相が硫黄島《いおうじま》を慰霊《いれい》訪問した理由とは

矢内　あなたは、韓国を取ったあと、どれくらい本気で、「日本を植民地にしたい」と考えているのですか。

金正恩守護霊　日本に届くミサイルは、すでにあるけど、例えば、「核《かく》ミサイルを二百本持ってます。日本の全都市に向けて撃ち込みます」と言ったら、どうなるの？　安倍《あべ》さんなんか、ほとんど降伏《こうふく》しかかってるじゃない。何もできないし、何も挑発しないじゃん。

もう、「自制、自制、自制」で、参議院選で勝ちたいから、なーんにも言わないで、ジーッとしてるじゃん。「慎重《しんちょう》に、緊張《きんちょう》感を持って対応します〜」ぐらいしか言えないんだろう？　こんなの駄目《だめ》だ。カスだわ。

酒井　安倍首相は、一昨日、硫黄島《いおうじま》に逃げてしまって、そこに一日中いたのですが、あなたは何か情報を流しましたか。

金正恩守護霊　いや。ケリーが、韓国や中国を重視してるから、腹が立ったんじゃないの？

酒井　それだけですか。

金正恩守護霊　うん、だから、硫黄島なんかに慰霊《いれい》したら、アメリカの神経を逆《さか》なでするぐらい、分かるじゃない。

あそこは激戦地で、日本軍よりもアメリカ軍の死傷者の数のほうが多いんでしょう？

それから、アメリカは、硫黄島を制圧して星条旗を立てたときの記念碑《ひ》を、ワシントンの近くに建てて、英雄《えいゆう》として祀《まつ》ってるんだろう？

それを慰霊するっていうことは、「不利な状況《じょうきょう》のなかでアメリカと勇敢《ゆうかん》に戦って、アメリカ人をいっぱい殺した人を慰霊した」っていうことだから、これが、どういうことを意味しているか、よく考えないといかんわなあ。考え方は、何とでも取れるよ。

「情報攪乱《かくらん》」で日本を弄《もてあそ》ぶ

矢内　この数日間のうちに、日本では、安倍総理が、突然《とつぜん》、十四日に硫黄島を慰霊訪問し……。

金正恩守護霊　独立記念のつもりかなあ。

矢内　さらに、十五日には、天皇皇后両陛下が、私用で長野に行かれました。

金正恩守護霊　これは、おかしいわなあ。
　日本の五大都市の名前を挙げたし、米軍基地とか、原発施設《しせつ》とか、名前をいっぱい挙げたので、「そのへんは、ミサイルを撃ち込まれる」と思うて逃げたんだろうよ。「いちばん危険度が高い」と言って逃げたんだと思うなあ。

矢内　「そういう情報を意図的に入れた」という記憶《きおく》はありますか。

金正恩守護霊　まあ、逃げたんじゃないの？

先週は、緊張が、すごく高まってたなかで撃たなかっただろう？　そうしたら、「月曜日（十五日）だ」って、みんな、思うから、逃げたいよな。

でも、天皇と皇后が逃げ出すっていったら、東京都民は見捨てられたも一緒《いっしょ》じゃない？　おまえらも人質《ひとじち》に入ったんだ。

酒井　いえいえ、首相の問題ですけれども。

綾織　天皇陛下は、戦時中に居場所を移動するのと同じですから、ありえるかもしれません。

ただ、安倍総理は……。

金正恩守護霊　安倍さんは、日曜日に逃げたんだろう？　だからさあ、「狙《ねら》われる」と思って、日曜日と月曜日に、交互《こうご》に逃げとるんだよ。同時にいないようにしたんだろう？　それだけのことだ。

日本のほうは、「ケリーが来てるときには撃ち込まれる可能性がある」と思うたわけだろう？　そうなれば混乱するからな。

酒井　あなたは、そうやって裏をかくのが楽しいわけですよね。

金正恩守護霊　ああ、面白《おもしろ》くてしょうがねえや。

俺《おれ》の知能は、日本人の三倍、いや、十倍ぐらいある気がする。

上に立つ者に「言論の自由」がない国・日本

酒井　これから、韓国や日本、アメリカの情報が、マスコミ等から流れてきたときに、その裏をかくのが、あなたの楽しみなわけですか。

金正恩守護霊　だからねえ、「『下層庶民《しょみん》に言論の自由を与《あた》えて、政治家だとか、総理大臣だとか、天皇だとか、上になるほど言論の自由がない』なんて国は、どれほど弱いか」ってことを教えてやってるのよ。感謝しなさいよ。

わしらみたいな、上に立つ者に言論の自由があれば、その頭脳を生かして、いくらでも戦いができる。

綾織　ただ、そういう抑圧《よくあつ》体制を敷《し》くなかで、北朝鮮の経済は破綻《はたん》していますよね。

金正恩守護霊　そんなの認めないね。抑圧体制じゃなくて、みんな、わしに感謝しとるんだ。

綾織　いいえ、していません。

金正恩守護霊　感謝してるんだよ。

綾織　政治犯収容所には、何十万という人が入っているはずです。

金正恩守護霊　映像をよく観《み》なさいよ。わしが海に出るときには、ワーッと兵士が海につかってる。あの感じは、大川隆法を超《こ》えとるだろうが。教祖以上だわ。

酒井　あの映像を観て、世界中は大笑いしているのですけれども、それで、いいのでしょうか。

矢内　観ていると、気持ち悪い感じが伝わってきますよ。

金正恩は、本当に北朝鮮《きたちょうせん》国内を掌握《しょうあく》できているのか

綾織　本当に、今、国内を、ご自身で掌握《しょうあく》できているのですか。

金正恩守護霊　掌握できてるも何も、私が国家でしょう？「掌握」って意味が分かんないの？

綾織　一説には、張成沢《チャンソンテク》（金正恩の叔父《おじ》）が実権を握《にぎ》っている可能性があると……。

金正恩守護霊　あんた、この前も、そんなことを訊《き》いとったなあ。まあ、実務は、ちょっとやらしてるよ。実務はな。それを、やる人はいるさ。でも、わしは、そんなんじゃなくて、号令を出す人間だからな。器《うつわ》が違う。

矢内　また、「軍部のクーデターを恐《おそ》れて、粛清《しゅくせい》をしている」というような話も出ていますが……。

金正恩守護霊　こんな前途洋々《ぜんとようよう》たる指導者はねえ……。

矢内　かなり危《あや》うい権力基盤《きばん》の上に立っているために、外に強く打って出ているのではないですか。

金正恩守護霊　そんなことないよ。十年後の北朝鮮《きたちょうせん》を考えてみなさい。もう、統一朝鮮をつくって、さらに、日本まで攻め取って、広大な国になってるわけだから……。

綾織　しかし、昨年秋までに、金正日《キムジョンイル》総書記が後見人として付けた四人の幹部がいたのですが、事実上、粛清されていると思われます。こういうところに、不安定さが表れているのではないですか。

金正恩守護霊　日本なんか、毎年、総理大臣を〝粛清〟してるじゃん。何、言ってるんだよ。よそのことを言うんじゃないよ。

綾織　日本では、殺したりしていません。

金正恩守護霊　事実上、殺してるんだろう?

綾織　いえ、民主的に変わっているだけです。

金正恩守護霊　そんなのは、殺してるのと一緒だよ。粛清してるんだよ。

綾織　実は、軍の内部も、非常に不安定な状態ですよね。

金正恩守護霊　そんな、人のことは、いいんだよ。

自衛隊の内部も不安定だよ。朝鮮人や中国人の妻を持ってる自衛隊員が、五百人も六百人もいるらしいじゃないか。

不安定だよお。情報が筒抜《つつぬ》けだよお。どうするんだい？

綾織　確かに、そういう問題もあるのは分かりますが、北朝鮮よりはいいと思います。

9 ミサイルを撃《う》つ「場所」と「時期」

「B2ステルス爆撃機《ばくげきき》を怖《こわ》がっている」という噂《うわさ》は本当か

矢内　それから、もう一つ、私のところに入っている情報なのですが、あなたは、「B2ステルス爆撃機《ばくげきき》を非常に怖《こわ》がっている」とのことですけれども。

金正恩守護霊　いや、欲《ほ》しいんだ、あれ。怖がってるんじゃなくて、欲しいんだよ。あれを取りたくてしょうがないんだよ。あれ、墜落《ついらく》せんかなあ。

矢内　「実は、ものすごく怖がっていて、『中継《ちゅうけい》基地になる可能性のあるグアムを叩《たた》いておき、北朝鮮《きたちょうせん》まで飛んでこないようにしたい』という指示を出した」との情報も入ってきているんですよ。

金正恩守護霊　グアムなんざ小さな島だから、うちのミサイルが当たったら、イチコロだ。グアムは、それでもう崩壊《ほうかい》だよ。
矢内　実際、グアムは使わなくても、北朝鮮まで行って、帰ってこられるんですけれどもね。
金正恩守護霊　いや、アメリカの飛行機やヘリコプターはよく墜《お》ちるから、「どこかで不時着しないかな」と思ってる。そうしたら、捕獲《ほかく》してやりたいんだけどなあ。あれ、面白《おもしろ》そうだよな。あれで日本なんかをバーッと空爆していったら面白いだろうな。いい感じじゃなあ。うん。
矢内　そう言いながらも、実は、かなりびびっていたようですね。
金正恩守護霊　いや、びびってるように見せて、実際にそんなことはないのさ。だいたいだなあ、アメリカ本土から、わざわざ飛んできて空爆なんかすれば、ほんとは、操縦士も睡眠《すいみん》不足でフラフラになっとるから、墜落するよな。
酒井　今のアメリカの動きを見たら、それほど怖くないと？

金正恩守護霊　まあ、組織っていうのは、「トップ一人」だからね。国は、わしみたいな人を戴《いただ》けば発展するしかないけど、（アメリカは）あんな貧乏神《びんぼうがみ》を上に据《す》えたら、もう衰退《すいたい》するしかないだろう？

結局、「撃《う》つ」のか、「撃たない」のか

酒井　客観的に見ると、今回、あなたの揚《あ》げた〝アドバルーン〟は、アメリカとしては、それほど怖くないのでは？

金正恩守護霊　世界を相手にして、翻弄《ほんろう》してるんだ。この知能の高さが分かるかなあ。

酒井　今、世論《よろん》の裏をかいていますよね。それで「撃《う》たない」と？

金正恩守護霊　「撃たない」と思ったら撃つよ。「撃つ」と思ったら撃たない。

酒井　これで、新聞などが、明確に「撃たない」と書き始めたら、撃つわけですね。

金正恩守護霊　だから、ずーっと緊張《きんちょう》状態が続くと、みんな、「もう撃たないでくれ

るといいな。ずーっと撃たないから、あきらめたのかなあ。秋まではもうないかなあ」と希望をするわけよ。そうやって緊張が緩《ゆる》んだときに一発撃ち込《こ》まれると……。

酒井　ケイシー・リーディングによると、「アメリカの独立記念日」や「日本の参院選」の時期などもありうる（前掲《ぜんけい》『北朝鮮の未来透視《とうし》に挑戦《ちょうせん》する』参照）とのことですが。

金正恩守護霊　ま、そうやって言っておったら、その日は外すわな。

酒井　この本に書かれたから、もう外すわけですね。

金正恩守護霊　そらそうだよ。用心されたら外すに決まってる。それは当然だよな。次はあれじゃないの？　偉大《いだい》なる昭和天皇のお誕生日だって近いんじゃないの？今は「みどりの日」になってるのかい？

酒井　そう言ったら、外すわけですね。あなたの発言が記事に書かれた瞬間《しゅんかん》に、それはなくなると？

金正恩守護霊　そういうこともあるかもしれないし、五月の連休で日本列島がラッシュで動けなくなるときに撃ち込まれたら、もう大変だろうねえ。救急車も走れんで。

酒井　ただし、撃つ優先順位としては韓国《かんこく》ですよね？　なぜ、先に日本へ撃つんですか。

金正恩守護霊　分からんなあ。それは分からないね。安倍《あべ》が何か不用意な発言をしたら、日本に撃つかもしれないよな。

酒井　ただ、それでは韓国は取れないですよね？　南進しても韓国は取れませんよ。

金正恩守護霊　そうかねえ。それは分からないね。要は、日本に撃ち込むところを見て、（北朝鮮の）あまりの強さに震《ふる》え上がり、韓国大統領が降参するかもしれない。

アメリカからの攻撃《こうげき》には「オバマ＝ヒトラー」の情報戦で反撃《はんげき》

酒井　いや、あなたの戦略は、速攻《そっこう》・奇襲《きしゅう》戦しかないんですよ。「アメリカの準備が整わないうちに南進してしまう」と、すでにケイシーは見抜《みぬ》いています。あなたには、その考えしかないんです。

金正恩守護霊　何言ってるの？　私はね、アメリカが攻撃する場合には、オバマを〝ヒトラー〟にしてしまうつもりでいるわけだ。

酒井　オバマを〝ヒトラー〟にする？

金正恩守護霊　うん、うん。「『ユダヤ人皆殺《みなごろ》し作戦』より、もっとひどい」っていうような情報戦を展開するからさ。

酒井　それは、誰《だれ》も信じないのではないでしょうか。

金正恩守護霊　いや、そんなことはない。北朝鮮を二千万人殺すんだったら、ユダヤ人以上だよね。ユダヤ人はナチスに六百万人虐殺《ぎゃくさつ》されたでしょう？　アメリカが「北朝鮮の二千万人」を虐殺しようとしてるんだったら、そりゃもう、オバマはナチスのヒトラー以上だよな。

矢内　それはないと思います。アメリカが狙《ねら》うのはあなた個人ですよね？

金正恩守護霊　ＣＩＡは、予算がないから、今、動けないのよ。

核《かく》で脅《おど》せば、韓国《かんこく》はいつでも取れる？

酒井　ただ、「韓国《かんこく》を取りに行く」という、あなたのシナリオは、どう見ても甘《あま》いのではありませんか。

金正恩守護霊　そうかね？　韓国は、もういつでも取れる状態なんですけど。私が、「核《かく》兵器の実用化実験をする」と言ったら、その段階で韓国は白旗だよ。

酒井　ただし、中国にしても、あなたにしても、本音は、韓国を核で攻《せ》めたくないですよね？

金正恩守護霊　いや、そんなことはないよ。攻めたいかもしれないじゃない。実験なんだからさ。

酒井　そんなことをしたら、利用価値がないではありませんか。

金正恩守護霊　日本のあれ（広島や長崎《ながさき》）だったら、十万か二十万ぐらいしか死ななかっただろうが、まだ、あと、何千万も生きてるんだから、別に構わないじゃない。

酒井　最初、あなたが欲しいと言っていたのは、お金でしょう？

金正恩守護霊　脅《おど》す国を攻撃して、向こうにダメージを与《あた》えるけども、経済的な所は外せばいいわけであって……。

酒井　重要な所は外すわけでしょう？

金正恩守護霊　そんなことないよ。軍事施設《しせつ》とかを破壊《はかい》するかもしれない。

酒井　軍事施設もあるかもしれませんが、それだけでは国を取れませんよね？

金正恩守護霊　取れるかもしれないじゃない？　アメリカ軍が、三万やそこら、韓国に行ったところで守れると思ってるわけ？　韓国の何千万人の人を。

「海兵隊の駐留《ちゅうりゅう》」に反対する沖縄《おきなわ》県知事は〝賢《かしこ》い〟とほめる金正恩

酒井　だから、速攻しかないですよね？　日本に撃ったら、アメリカが……。

金正恩守護霊　海兵隊がいるのは沖縄《おきなわ》だろう？　沖縄県知事は攻撃されたくないから、一生懸命《いっしょうけんめい》、海兵隊を日本から追い出そうとしてるんだろう？　あの人は実に〝賢《かしこ》い〟わ。海兵隊が沖縄にいるかぎり、攻撃の対象から外されないからね。実に〝賢い〟。

これ、活字にして、ちゃんと載《の》せといてね。そしたら、沖縄のほうも、「そのとおりだ」と思って動くからさ。

酒井　中国とケリー氏が話した内容は、何か漏《も》れ伝わっていますか。

金正恩守護霊　知りませんね。ただ、あいつは阿呆《あほ》だからしょうがないけどさ。たぶん、ＩＱ一〇〇ないんじゃねえか。阿呆だから、とにかく、「よろしく頼《たの》むわ」みたいな感じなんだよ、うん。

「ポスト安倍《あべ》」の総理人材が枯渇《こかつ》している自民党政権

綾織　今後、参院選までは、安倍《あべ》さんもあまり動かないと思うのですが、それ以降になると、日本としても、それなりに対処する可能性があります。

金正恩守護霊　安倍はもう短い。残念。あんたがたは「長期政権になる」と思ってたかもしれないけど、安倍は〝神経〟に来てるから、もう短い。今度は違《ちが》う病気をするかもしれない。うん。

綾織　今後、仮に、日本にもしっかりとした政権ができ、それなりの対処をするときに、いちばん嫌《いや》なことは何でしょうか。普通《ふつう》の国のように、「敵地攻撃能力」を持つといったことは？

金正恩守護霊　日本は、安倍が壊《こわ》れたら、あと、（総理を）する人がいないんでしょう？　もういないじゃないの。麻生《あそう》なんか、「阿呆だ」と、みんな思っとるだろう？　あんな者が出てきたって、もちはせんよ。

綾織　自民党では難しいかもしれませんが……。

金正恩守護霊　ええ？　どうせ、小泉進次郎《こいずみしんじろう》なんか、俺《おれ》以上の〝狂犬《きょうけん》〟だと思われてんだろう？　あとは誰だ？

綾織　新しい政党もあります。

金正恩守護霊　石破《いしば》の軍事オタクか。これ、あんた（矢内）と論争して負けたっていう話があるな（『国防アイアンマン対決』〔幸福実現党刊〕参照）。もう、これ、いかんわな。議席も取れん人に負けるようだと、日本の総理なんか務まらんな。もう、全《ぜん》っ然《ぜん》、人がいない。人材が枯渇《こかつ》しとるんだ。

日本で「テロ」を起こす可能性は？

酒井　一つの策として、あなたは日本国内のテロを狙っていますよね。

金正恩守護霊　国内を狙わなくたってできるよ。そんなのは個人でできることだから、わしが命令を出すような、そんな大げさなことじゃないでしょう？　テロぐらいは個人で動きますから。

酒井　勝手に動いてしまうのですか。

金正恩守護霊　そんなのは、軍部のちっちゃなユニットで動くのよ。テロなんていうのは小隊で動きますから、私なんか、もう関知しない。全っ然、関知しない。

酒井　では、日本についてはあまり考えていないのですか。

金正恩守護霊　外人の傭兵《ようへい》部隊だって使えますからね。テロなんか簡単ですよ。金が欲しい人は、あっちにもこっちにも、いっぱいいるんですから。

酒井　あなたは、どんなタイミングで日本にテロを起こすといいと思っていますか。どんなタイミングで、どこにテロを起こすか。

金正恩守護霊　だから、困るときがいいでしょう?

酒井　それは、どういうときですか。

金正恩守護霊　例えば、連休だとかさあ、日本で何か身動きが取れないような、おっきな計画が入ってるときとか、そんなときがいい。日本は、また大地震《じしん》でも来そうな雰囲気《ふんいき》じゃない? そんなときに撃ち込んだりすると、みんな、心臓が震え上がるだろうなあ。

人々の「恐怖《きょうふ》」を最大に煽《あお》ることを狙《ねら》う金正恩守護霊

酒井　あなたが日本のなかで最も狙《ねら》いたい所はどこでしょうか。

金正恩守護霊　まあ、君たちの御生誕祭《ごせいたんさい》（幸福の科学で毎年七月に行われる祭典）あたりなんか、いいんじゃないか。

酒井　時期ではなく、あなたは、どういう場所を狙ったらよいと思っているのですか。

金正恩守護霊　場所？　日本は都市がいっぱいあるからさ、一つ二つ潰《つぶ》しても、別にどうってことないのよ。

酒井　原発などは狙わないのですか。

金正恩守護霊　いやあ、狙ってもいいけど、「恐怖《きょうふ》」が最大になるように計画しなければいけないので、どうやって最大化するかを考えないといけない。そうするのが、いちばん〝原価効率〟がいいわな。

酒井　なるほど。あっさりとやっては駄目《だめ》なわけですね。あなたの考えとしては、とにかく、「やるよ、やるよ」と言って、人々の「恐怖」を最大にすることが、最も効果が高いと見るわけですね。

金正恩守護霊　まあ、立場を変えて考えてみりゃいいよ。どこをやるのが、いちばん効果が高いか。だから、天皇が逃《に》げた理由も分かるでしょう？　効果が高いからな。そりゃ、日本人が少ししか死ななくても、宮内庁《くないちょう》が死んだだけで、被害《ひがい》は最小限だけど、これ、日本にボコーッと大きな穴が開《あ》くわな。

綾織　ただ、逆に言えば、あなた自身がものすごい「恐怖」にとらわれているわけですよね？

金正恩守護霊　なんで？　強いのに、なんで「恐怖」にとらわれるの？

綾織　いえいえ、強くないと思います。やはり、国の体制が危《あや》ういのは分かっているわけですよね？

金正恩守護霊　君らみたいにねえ、わしに取材を応じてもらえんかったら潰れるような雑誌と一緒《いっしょ》にするでないよ。

酒井　潰れはしませんけどね。

綾織　実は、あなた自身、「身が危ない」と思っているのではないですか。

金正恩守護霊　（笑）そんなことはない。前途洋々《ぜんとようよう》じゃない？　国家としては、これから五十年は安泰《あんたい》なんだからさあ。何を言ってるんだ。

綾織　世界を「恐怖《きょうふ》」に陥《おとしい》れる必要はないのではありませんか。そうだとするならば、やはり怖いのではないですか。

金正恩守護霊　何言ってるの。実弾《じつだん》も使わずに国が取れるなんて、こんなありがたいことはないじゃないの。「孫子《そんし》の兵法」にも適《かな》っとるよ。

10　大言壮語《たいげんそうご》を繰《く》り返す金正恩守護霊

「風林火山《ふうりんかざん》」から自由自在の動き方を勉強中？

矢内　こうして、直接、お話を聴《き》かせていただいて……。

金正恩守護霊　街宣したいか？　立ち上がって、ここでやってくれ。

矢内　いや、こうしてお話しさせていただければ、街宣まで行かなくても大丈夫《だいじょうぶ》です。

金正恩守護霊　わしが、いかに賢《かしこ》いか分かったか。

矢内　あなたが「こういうふうに考えている」という話は出ました。要は、相手国の恐怖心《きょうふしん》を狙《ねら》おうとしているわけですね。今、アメリカも、日本も、韓国《かんこく》も、それに乗ろうとしていますが……。

金正恩守護霊　アメリカも恐怖心が強いからな。テロで三人死んだぐらいで、もうギャアギャアと国中で騒《さわ》いどるんだろう?

酒井　やはり、あなただったのですね。

金正恩守護霊　いや、「わしだ」とは言ってない。誰《だれ》がやったか分からんわな。そんなの分かるかね? 個人でもできるよ。

矢内　「非常に頭のいい方だ」とは思いますね。

金正恩守護霊　分かる?

矢内　ええ。ただ、大言壮語《たいげんそうご》の言葉とは裏腹に、脆弱《ぜいじゃく》な基盤《きばん》のなかで、「とにかく自分の身を守る」という保身が第一ですよね? ある意味、口だけではないでしょうか。

金正恩守護霊　ミャンマーの(アウンサン)スーチーなんか呼んだって、日本の防衛にはならんよ。

矢内　先ほどおっしゃっていたような、実際に戦争行動に出たりするようなことは、実は考えていないのだろうと感じます。ですから、「恐《おそ》るるに足らず」ということを諸外国がきちんと認識すれば、あなたのいちばんの弱点がはっきりしてきます。

金正恩守護霊　わしはねえ、「風林火山《ふうりんかざん》」（武田信玄《たけだしんげん》の軍旗に書かれた「孫子《そんし》」の句《く》の略）を勉強しているんだ。だから、何とでも動けるのよ。全部できるの。残念でした。ワンパターンではないいんだ。

矢内　そういった言葉に脅《おど》されて恐怖するのは、国を守ろうとする上で、最大の悪ですね。やはり、あなたの言葉から、「まったく恐怖するに足らず」ということがよく分かりました。

金正恩守護霊　いや、気をつけろよ。わしは、君たちのことを考えて、具体的に言うのを避《さ》けてるのよ。

君ら、原発推進をやってるんだろう？　もし、わしが「○○原発を狙う」って言って、そこの原発推進ができなくなると、かわいそうじゃない。だから、名前をあえて挙げないように努力してるんじゃないの。これ、活字になったら、そこにも原発反対運動が広がるじゃないか。なあ？　だから、挙げんようにしてやってるのよ。

「意思決定できない日本」に核《かく》武装など絶対無理

矢内　はっきり言って、子供が暴《あば》れているような、あなたの行動については、国際社会として、毅然《きぜん》とした大人の対応をし、各国協力して、しっかりとお灸《きゅう》を据《す》える必要がありますね。

金正恩守護霊　あんたねえ、子供が核《かく》ミサイルを撃《う》てるわけないでしょう？　花火じゃないんだから。早く議席取ってから言いなさい、君は。ほんとに……。

酒井　ただ、あなたが過激になればなるほど、日本・韓国の両国とも、「核武装すべきだ」という世論《よろん》が強くなるのでは？

金正恩守護霊　ほんとに、こんな国に核武装ができますかい？　マスコミを東京ドームに集めて〝火あぶり〟にしないかぎり、絶対できないよ。

酒井　日本は、物事を決めるのにチンタラしていますが、最終決定をしてからが速いですから。

金正恩守護霊　いやあ、日本はそれを決定できない。決定者がいないのよ。だから、やっぱり、反対するマスコミに、「君らに消費税をかけないかどうかを議論するから」と言って、一堂に集めといてから皆殺《みなごろ》しにしなきゃ、絶対できないから。うん。

酒井　ただし、あなたの国の核を無力化する動きは出てきますから。

金正恩守護霊　いや、核が何個あるかも分からんだろう？　分からないということは、夜の暗闇《くらやみ》と一緒《いっしょ》で、恐怖なのよ。

矢内　ただ、言葉に気をつけなければいけませんが、「日本という国をあまりなめると、大変なことになりますよ」と言いたいですね。日本は、武士道精神を持った「武士道国家」ですから、いざとなったときには、しっかりとした、毅然とした対応をとりますよ。

金正恩守護霊　いや、全然、何を……。台湾《たいわん》の漁船から中国の漁船まで、漁船が来ただけで怖がってる国に、何を怖がらなきゃいけないの？

矢内　あまり小生意気にならないほうがいいですよ。国際社会をなめないほうが、身のためですよ。

金正恩守護霊　君らがかわいそうなのはさあ、「情報公開」と称《しょう》して、マスコミが、国に不利なことをぜーんぶ報道してくれて、分かっちゃうから、反対勢力は必ず立ち上がってくる。

11　金正恩体制の崩壊《ほうかい》はあるのか

北朝鮮《きたちょうせん》が飢《う》えたら、「すぐに韓国《かんこく》を取りに行く」

綾織　いろいろな強がりはもう分かりましたが、結局、北朝鮮《きたちょうせん》は、自分の国の国民を食べさせることができない状態ではないですか。

金正恩守護霊　食べさせてるのよ。

綾織　いや、食べさせていません。すでに餓死者《がししゃ》が何百万人と出ています。

金正恩守護霊　食べてるよ、みんな。

綾織　あなただけが食べているのです。

金正恩守護霊　昨日の月曜日、四月十五日は、もう、みんな正装して、たらふく食っとったね。市民もたらふく食っとったよ。外国人だって来てるんだから。

綾織　そういう国であること自体、「もう北朝鮮は危ない」ということですから。

金正恩守護霊　園遊会みたいなのに、外人まで呼んでるんだよ。

酒井　あなたは食べているでしょうけれども、全員には食べさせられないでしょう?

綾織　中国がこのままずっと食糧《しょくりょう》を供給し続けてくれるかどうかは分かりませんので、北朝鮮の体制自体が危なくなってきていますね。

酒井　あなたは、今日のインタビューの冒頭《ぼうとう》で、いきなり「お金をください」と言いましたよね?

金正恩守護霊　いやあ、飢《う》えたら、それこそ、すぐに韓国《かんこく》を取りに行きますから。危険ですよ。われわれを飢えさせたら。

酒井　要するに、そこでしょう?

金正恩守護霊　われわれを飢えさせたら大変ですよ。韓国を取りに行きますよ。追い込《こ》んだら、必ず韓国を取りに行きますよ。

矢内　そんなことはさせません。そんなことをしていたら、国内のあらゆる人たちがあなたの足を引っ張って、体制が崩壊《ほうかい》しますよ。

「悪役を演じる北朝鮮《きたちょうせん》」に実は中国も感謝している？

矢内　中国も、後ろから蹴飛《けと》ばして、北朝鮮《きたちょうせん》を崩壊させるのではないですか。

金正恩守護霊　私は、〝神社の神輿《みこし》〟なんですから。

酒井　中国との関係には気をつけたほうがいいですよ。

金正恩守護霊　え？　あんたに言われる筋合いはないよ。中国は、うちが潰《つぶ》れたら、「対アメリカ戦略」が崩《くず》れるの。

矢内　いやいや。言うことをきかないあなたを排除《はいじょ》して、もっと言うことをきく、中国寄りの傀儡《かいらい》政権をつくればいいだけですからね。

金正恩守護霊　いや、あんたら、それはまだ頭が悪いの。ケリー長官も頭が悪いの。何とか中国を立てて、結局、中国に話し合いをさせようとし、今、中国が世界のリーダーになるように持っていこうとしてるんじゃないの？　それを、うちも協力してるんだからさあ。ちゃーんとキックバックしてくるのよ、うん。

中国は、「世界をリードしよう」「世界のリーダーになろう」としてるのよ。今、中国に頼《たの》まなきゃ、何にも動かないようになろうとしてる。国連だって中国に頼む。アメリカも頼む。自分では解決できないからな。

アメリカのオバマさんは、「北朝鮮を爆撃《ばくげき》して、何十万、何百万の人が死んだのは俺《おれ》のせいだ」って、歴史に名前を遺《のこ》したくない。ノーベル平和賞をもらったんだ。とてもじゃないけど、そんなこと、できやしねえよ。

だから、中国に全部やらそうとする。これで中国がリーダーになって、もうすぐナンバーワンになる。それが狙《ねら》いなんだからさ。

あなたねえ、そのときに、中国がうち（北朝鮮）をどういうふうに使うか、考えてごらん？「君、よくやったねえ。韓国ぐらいは、君のところで押《お》さえといていいよ」と言うのは当然だろう。

矢内　北朝鮮もそうですが、中国も儒教《じゅきょう》国家で、「面子《メンツ》の国」なんですよ。今、あなたが言うことをきかずに、好き放題にやっているので、中国のほうにも、かなり面子を潰されている部分があります。すべては面子で成り立っている国なのでね。まあ、おたくもそうでしょうが。

金正恩守護霊　「面子を潰されて」って言うけど、全然潰してないよ。中国はねえ、大人の国なの。大人の国だから、面子なんか全然潰れてないの。全部、よーく分かった上で（北朝鮮に）やらせてるのよ。

（中国は）うちが「ちょっとだけ悪役をやってくれている」と分かってる。中国の代わりに、ちょっとだけ悪く見せてやってるのは、よーく分かってるから、感謝してるんだよ。

「天照大神《あまてらすおおみかみ》の御心《みこころ》」をねじ曲げる自分勝手な理屈《りくつ》

金正恩守護霊　安倍《あべ》総理を北京《ペキン》に連れてってごらんなさいよ。復活したように見せたって、ＰＭ２・５で、イチコロで死ぬから（注。大気中に浮《う》く２・５マイクロメートル以下の微小粒子《びしょうりゅうし》のこと。中国で大量発生し、社会問題になっている）。バングラデシュに行ってごらんなさいよ。お腹壊《なかこわ》して死ぬから。インドに行っても、何食ったって死ぬから。だから、そんな体でわれわれと戦おうなんていうのは、まあ、無理なのよ。日本には、あとは人材がいないんだから、もうあきらめたほうがいいよ。

綾織　いえ、新しい勢力もあります。

金正恩守護霊　ほんと、わしはねえ、君らの〝味方〟なんだよ。もう四年前から、ずーっと君らを応援《おうえん》してるのよ。四年間応援し続けても、君らが当選しないっていうことは、この国は、もはや「滅《ほろ》びに至った」ということだ。「天照大神《あまてらすおおみかみ》も怒《いか》っとる」っていう話だからなあ。

矢内　今回、北朝鮮が脅威《きょうい》を煽《あお》ることによって、結果的に、幸福実現党にとっては非常によい〝追い風〟にはなっているので、そのあたりは、多少、〝感謝〟していますよ。

金正恩守護霊　天照大神も、北朝鮮には、地震《じしん》も雷《かみなり》も、何も起こすことができないで、日本にばっかり地震と津波《つなみ》を起こすらしいから、きっと、「日本人のほうが悪い」と見てるんだよなあ。

綾織　いや、それは分かりません。さらに偉大《いだい》な神様もいますので。

アメリカは中国・北朝鮮《きたちょうせん》よりも「日本の軍事大国化」を警戒《けいかい》？

酒井　ただ、あなたに忠告しますと、ケイシー・リーディングによれば、「北朝鮮《きたちょうせん》に対するアメリカのCIA工作は効《き》かないかもしれないが、中国の瀋陽《しんよう》軍区から、金正恩を潰す動きが出る可能性がある。習近平《しゅうきんぺい》ではなく、瀋陽軍区が、北朝鮮の軍隊を操《あやつ》ってクーデターを起こそうとしている」とのことですが。

金正恩守護霊　まあ、ケイシーはアメリカ人だからねえ。アメリカ人の味方よ。

酒井　ただ、いちおう気をつけたほうがいいですよ。アメリカ人の味方が「ＣＩＡ工作は効かない」とは言わないですからね。あなたが「いちばんの友達だ」と思っている瀋陽軍区が……。

金正恩守護霊　いや、あなたねえ、「日米は仲良しで友達だ」と思ってるだろうが、今回、そこが間違《まちが》いであることがはっきりしたのよ。

酒井　まあ、それには、トップの考えがありますからね。

金正恩守護霊　アメリカは、日本を軍事大国化したくないのよ。だから、アメリカは、日本を軍事大国化するぐらいなら、中国と北朝鮮の関係をそのまま維持《いじ》したいのよ。アメリカは、日本が軍事大国化するほうが、よっぽど怖《こわ》いんだから。

北朝鮮なんか、なんぼ言ったってさあ、ちょっと攻撃《こうげき》するぐらいできても、アメリカを占領《せんりょう》できないことなんか知ってるよ。

でも、日本が軍事大国化したら、先の大戦の大規模な戦い方をよう知ってるからさ。この工業国家が、「空母をつくるわ、核《かく》兵器はつくるわ、原子力潜水艦《せんすいかん》はつくるわ」ってやったら、次、どこへ向かっていくか、分かんないからねえ。これは怖いわあ。

酒井　ただ、あなた自身、「北朝鮮自体の崩壊はありうる」と見ているわけですね。

金正恩守護霊　だから、アメリカは、北朝鮮よりも日本のほうを憎《にく》んでるのよ。

酒井　いや、アメリカの問題ではなく、中国との関係で、あなたが、いなくなる可能性があるということです。

中国の「世界ナンバーワン化」に協力した見返りを期待

金正恩守護霊　中国はねえ、もう、「世界ナンバーワン」になることしか考えてないの。だから、そのために利用できるのは、何でも利用する。

酒井　もし、あなたに忠告するとすれば、「中国との関係を甘《あま》く見ないほうがいいだろう」ということです。

金正恩守護霊　中国が世界ナンバーワンになるために、「北朝鮮の強気」も、「アメリカの弱気」も、両方使うつもりでいるのよ。彼らは、「日本の優柔不断《ゆうじゅうふだん》」も使う気でいるわけ。

酒井　では、あなたは、「使われている」ということは知っていると？

金正恩守護霊　いや。中国をナンバーワンにするために使えるものは、みんな、それぞれのものを全部使う気でいるの。

酒井　では、あなたは、「中国をナンバーワンにしたい」と？

金正恩守護霊　いや。中国はそのつもりでいるでしょうねえ。でも、私らも、タダではしないつもりだから、取り分だけは、ちゃんと取るつもりでいるのよ。

綾織　ただ、中国のコントロールする範囲《はんい》から出てしまえば、やはり、瀋陽軍区も動く可能性はありますよねえ。

金正恩守護霊　あるいは、われわれが中国を支配できるかもしれない。

綾織　いえいえ。そこまではないと思います。

酒井　瀋陽軍区が習近平を支配しようとするかもしれません。

金正恩守護霊　いやいや、そんなことはない。「北朝鮮が滅びると、中国は危ない」という危険を感じさせたら、中国はわれわれの言うことをきかざるをえないかもしんねえからな。

酒井　いや、「瀋陽軍区と習近平の戦いに、あなたが巻き込まれる」ということです。

金正恩守護霊　いや、それはねえ、あんた、考えすぎなのよ、考えすぎ。

酒井　それは、エドガー・ケイシーのリーディングの結果です。

金正恩守護霊　まあ、ケイシーっていうのは、もう昔の人なんだろう？　それは、現代戦を知らんからさ。

12　金正恩守護霊は〝北朝鮮《きたちょうせん》の神〟？

過去世《かこぜ》については「言い放題」なのか

綾織　霊界《れいかい》での話をお伺《うかが》いします。

以前、金日成《キムイルソン》将軍の霊に来ていただいて、話をお聴《き》きしたのですが、「金正恩に、かなりインスピレーションを与《あた》えている」とおっしゃっていました（前掲《ぜんけい》『北朝鮮《きたちょうせん》の未来透視《とうし》に挑戦《ちょうせん》する』参照）。

あなたは、金将軍の霊とは、どういう話をしておられるのでしょうか。

金正恩守護霊　もう、わしのほうが力的には上だからな。

綾織　そうですか。もう自分のほうが上？

金正恩守護霊　うんうん。

綾織　「アドバイスを受ける状態ではない」ということでしょうか。

金正恩守護霊　昔は、転生《てんしょう》について、ちょっと曖昧《あいまい》なことを言ったけど、そろそろ、「広開土王《こうかいどおう》の生まれ変わりだ」と称《しょう》してもいいかなと思ってるんだ。君らが、ちゃんと活字にして載《の》せてくれんかなあ、大きな太字で。ええ？

綾織　それは怪《あや》しい話ですね。

金正恩守護霊　電車の中吊《なかづ》りか何かで、「広開土王の生まれ変わり、金正恩、ついに立つ」とか、「ザ・リバティ」の見出しで、そういうのは、どうだ？

綾織　以前、「満州に生まれた朝鮮族」と話しておられましたが（前掲『北朝鮮―終わりの始まり―』参照）。

金正恩守護霊　ああ？　それは「言い放題」だから、何でもいいけどさあ。「満州族の王族」かもしらんしさあ、まあ、何でもいいんだ。

綾織　今は、金日成の言うこともきかず、自分で全部を決めているのですか。

金正恩守護霊　もう、わしに全権が集まってるからさ。軍部は完全に掌握《しょうあく》した。

霊界《れいかい》で金正日《キムジョンイル》総書記とは会っていない

綾織　あなたが「暗殺した」と言っていた金正日《キムジョンイル》総書記とは、話をされているのですか（同右参照）。

金正恩守護霊　親父《おやじ》か？

綾織　はい。

金正恩守護霊　暗殺？　わしがするわけないだろう。

綾織　以前、そうおっしゃっていました。

金正恩守護霊　誰《だれ》かにされたんだろう。アメリカだ！　ＣＩＡだ！

綾織　いやいや、それは違《ちが》うでしょう。

金正恩守護霊　それこそ、ＣＩＡがやったんだ。それで、われわれは、今、復讐戦《ふくしゅう》を
やらないといかんのだよ。

綾織　霊界《れいかい》で金正日総書記と会われて、話をされているのですか。

金正恩守護霊　「会われてる」って、どういうことだ？　死んだんだろう？

綾織　いやいや、あなたも……。

金正恩守護霊　ああ、俺《おれ》も霊か。

綾織　そうですね。

金正恩守護霊　そうか、そうか。俺も霊なのか。あまりよく分からんが。
とにかく世界は広いんだ。だから、親子でも、会わんこともある。

綾織　金正日総書記とは会わないのですか。

金正恩守護霊　息子《むすこ》の力が強すぎる場合、親には、もう出番がないからね。

地上の金正恩本人とは、ほぼ一体化している

綾織　あなたは金正恩氏の守護霊ですか。それとも、もう完全に一体化しているような状態なのですか。

金正恩守護霊　ほぼ一体化してるかなあ。ほぼ一体化してるけれども、やっぱり〝神〟だな。一種の〝神〟であることは間違いない。

綾織　軍人なのですか。武人ですか。

金正恩守護霊　だから、〝北朝鮮の神〟だ。うん、うん。〝中心神〟だな。

綾織　それは、本当かどうか、分かりませんが。日本と戦ったことはありますか。

金正恩守護霊　戦った？　人間的なやつは〝切れっ端《ぱし》〟だろう。うん。
まあ、〝北朝鮮の神〟と見ていいだろう。いや、ついに、北朝鮮に、生まれるべき〝メシア〟が生まれたんだよ。

酒井　あなたは、ずっと北朝鮮に生まれ変わっているわけですか。

金正恩守護霊　「〝メシア〟だ」と言ってるんだ。「ずっと」も何もないだろうが。

酒井　あなたは霊なのだから、地上に生きていたときがあったわけです。

金正恩守護霊　だから、「日本に生まれた」っていうのは〝偽《にせ》メシア〟で、北朝鮮にこそ、〝真のメシア〟が生まれたんだよ。

北朝鮮の人たちの意見で、多数決を取ってごらんよ。九十九パーセントは、私の言うことを支持するから。

矢内　北朝鮮は社会主義なので、「多数決」と言っても……。

金正恩守護霊　日本のメシアなんて、（選挙で）二パーセントの支持率も取れないんだろう？　こんなの、メシアになれねえじゃねえか。何言ってるの。

俺なんか、絶対に九十九パーセントを超《こ》えてる。支持率は百パーセントだから。

13　日本を「阿呆《あほ》の国」と嗤《わら》う

嘘《うそ》つきと言われたくないから、「ミサイルを一発は撃《う》つ」

酒井　要するに、あなたは、いずれ、ミサイルを撃《う》つわけですね。

金正恩守護霊　撃つに決まってるじゃないの。

酒井　「撃つに決まっている」と？

金正恩守護霊　決まってるわ。持ってるのに、撃たないわけがないでしょう。

酒井　「撃たないわけがない」と？

金正恩守護霊　嘘《うそ》つきと言われたくはないから、撃つよ。

酒井　嘘つきと言われるのは嫌《いや》なのですね。

金正恩守護霊　それはそう。一発撃ちゃあ、嘘つきじゃないんだろ？

酒井　「とにかく一発は撃つ」と？

金正恩守護霊　ああ。あと何百発持ってるかは内緒《ないしょ》だけど、毎年、つくり続けてはいるわな。

酒井　先ほど、「あまり長く引きずると、みな、気が狂《くる》ってしまうので、適度なところで撃つ」と言いましたよね。

金正恩守護霊　あんたねえ、勘違《かんちが》いしてるといけないから、言っとくけどさあ、俺《おれ》たちを、そんなに見くびったらいけないよ。俺たちはイランにミサイルを「輸出」してるんだからさ。ええ？　自分たちが何本か持つだけじゃなくて、ほかの国に「輸出」できるだけの力があるんだ。

「撃ったら、すぐなくなる」とか、花火みたいに思ってるのと違うか？　花火みたいなもんじゃねえんだよ。今、イランが、あらゆるルートでミサイルを求めてるから、いろいろ出してやってるんだよ。

酒井　それでお金を得ているのですか。

金正恩守護霊　それに協力してくれる中国人も、ちゃーんといるし、中国とイランの間《あいだ》に入ってくる勢力も、ちゃーんといるし、陸路でそれに協力してくれる、ほんとに忠実な、信仰《しんこう》深いイスラム教徒もいる。われわれの仲間は、いっぱいいるんですよ。

酒井　アルカイダとかですね？

金正恩守護霊　ええ。ミサイルを輸出するだけの力があるんだ。

自衛隊員が酒を飲み、倒《たお》れるのを待っている？

酒井　まあ、「とにかく撃つ」と？

金正恩守護霊　あんたら、ほんと、バカじゃない？　撃つか、撃たないか、そればっかり、マスコミとかも言ってる。ばっかばかしくて、相手にならねえよ。

酒井　あなたは、「心理戦で、撃たずに、そのまま引っ張るのか。それとも、やはり撃つのか」ということぐらいは、はっきりさせておかないといけません。

金正恩守護霊　だから、本当に、あんたがたは頭は悪い。

酒井　安倍《あべ》さんは、もう、悩乱《のうらん》してしまっていますから。

金正恩守護霊　撃とうが、撃つまいが、（日本は）何もできないんだろう？　結局は同じなんだ。

酒井　いちおう、「PAC《パック》―3《スリー》」を準備しています。

金正恩守護霊　何もできない、あれは。自衛隊員がそのうち倒《たお》れるから、それを待ってるんだよ。もうすぐ寝《ね》始める。「体が冷える」とか言って、夜、酒を飲み始めるからさあ。「もう飛んでこんだろう」と思ってな。夜桜はないかもしらんがね。

金正恩最大の誤算は「日本の目覚め」と「幸福実現党の台頭」

矢内　こうやって、お話を聴《き》かせていただき、歴史に名の遺《のこ》っている偉人《いじん》の方の格言を思い出しました。「弱い人間ほど、大きなこと、強そうなことを言う」などという言葉です。

金正恩守護霊　そうなの？

矢内　いろいろな言い方で言われていますが、まさに、あなたにピッタリの言葉であり、「真理だ」ということを、今、実感しています。

金正恩守護霊　わしなんか、徳があるからさあ、「桃李《とうり》もの言わざれども下自《したおの》ずから蹊《みち》を成《な》す」っていう感じだな。君らには徳がない。だから、全然、支持が集まらない。

矢内　あなたには、今、最大の誤算があると思います。

金正恩守護霊　ああ。君らを〝応援《おうえん》〟したことだな。

矢内　いいえ。あなたが気づいていない、最大の誤算は……。

金正恩守護霊　君らを〝応援〟したことが最大の誤算なんだ。

矢内　「日本という国を目覚めさせ始めている」ということです。あなたが、いろいろな〝ちょっかい〟を出すことによって、そうなったのです。

金正恩守護霊　全然、目覚めてない。怯《おび》えてるだけじゃないか（笑）。何を言ってるんだ。

酒井　まあ、今の政治家たちは、まだ十分に目覚めてはいませんがね。

金正恩守護霊　日本は目覚めてませんよ。目覚めてたら、君たち（幸福実現党）は、とっくに〝採用〟されとるよ。

矢内　そして、もう一つ言えることは、「この日本のなかで、今、幸福実現党が台頭しようとしている」ということです。私たちは、あなたが狙《ねら》っている、恐怖《きょうふ》などというものに、一切《いっさい》、屈《くっ》しません。脅迫《きょうはく》にも屈しません。

金正恩守護霊　日本は阿呆《あほ》だからねえ。日本という国はねえ、ほんとに阿呆の国だ。

矢内　信仰に基《もと》づいて、悪には、一切、屈しない政党が、いよいよ、これから、日本に台頭してきます。それが、あなたにとって、最大の恐怖になると思います。それに気がついていないのは、あなたの最大の誤算でしょう。

「日本はバカなセクショナリズムの国」という指摘《してき》

金正恩守護霊　あなたがたは「北朝鮮《きたちょうせん》と戦ってる」と思っているのに、あなたがたが金を儲《もう》けすぎてるようだから、国税庁が入って、税金をゴボーッと持っていく。これが日本の国なんだよ。こういう、バカなセクショナリズムの国なんだ。「政党をつくって、負け続けることができる」なんて、こんなの、世間《せけん》が許さないからね。「大川隆法もホリエモンみたいにしてやる」と言って入ってくるのが国税庁だ。これが日本のバカなセクショナリズムなんだよ。そのとおりだろ?

綾織　まあ、そのとおりの部分もあるかもしれませんが……。

金正恩守護霊　あ、認めた。編集長が認めた。君、ちょっとだけ賢《かしこ》いなあ。

綾織　今日のあなたの霊言《れいげん》を出すことで、日本の国民も目覚めてくると思います。

金正恩守護霊　全然。この〝貧乏《びんぼう》出版社〟から出したって、二、三万部も売れりゃいいほうだろうな。

綾織　この霊言が、日本国民の変化につながってくるのは、間違いないと思います。

金正恩守護霊　日本国民は一億何千万もいるんだろ？　誰《だれ》が読むんだよ、こんなの。ええ？　票にもならないわ。

酒井　あとになればなるほど、「この意見は正しかった」と分かってきます。

金正恩守護霊　選挙をやるたびに、君らは得票率を減らしとるんだろう？　だから、もうすぐ消滅《しょうめつ》だ。消滅するわ。

矢内　幸福実現党は、今度の山口での補選や夏の参院選に必ず勝利して、あなたの野望を粉砕《ふんさい》します。

金正恩守護霊　消滅しなかったら、君らは、「会員のお布施《ふせ》を〝不正流用〟して、選挙活動をやってる」っていうことだ。

綾織　不正ではありません。正当な宗教活動です。

金正恩守護霊　君らは税務署が潰《つぶ》してくれるんだ。われらじゃない。君らの敵は、われわれじゃなくて、税務署だ。

幸福の科学の仕事は「日本人を弔《とむら》うこと」？

酒井　あなたのような者がいるから、このように、われわれは、自らの体力を削《けず》ってでも、やっているんですよ。

金正恩守護霊　やらなくていい。(日本には)優秀《ゆうしゅう》な「軍事オタク」もいるし、優秀な「三代目宰相《さいしょう》」もいるし……。

酒井　われわれは、あなたのような人に日本を占領《せんりょう》させません。北朝鮮だって必ず解放してみせます。見ていてください。

矢内　北朝鮮の人民を早く救いに行きます。

金正恩守護霊　ええ？　君らの出番じゃないの。

酒井　いや、あなたのほうこそ出番じゃない。

金正恩守護霊　われわれのミサイルで日本人が大勢死ぬから、そのあと、それを弔《とむら》うのが君らの仕事なんだよ。

酒井　その前に、あなたを……。

金正恩守護霊　その前に教団がなくならないように努力しないといけない。

綾織　余計なお世話です。

酒井　その前に、あなたを必ず〝葬《ほうむ》り去り〟ます。

金正恩守護霊には、「もう、することがない」？

綾織　今日は、お忙《いそが》しいと思いますので……。

金正恩守護霊　それが、忙しくないんだよ。

酒井　（笑）

金正恩守護霊　ここまで能力が高いとなあ、もう、することがないんだ。「いつ『ゴー』を出すか」ということだけだからさあ。

矢内　私たちに脅迫は通じません。

金正恩守護霊　美女が侍《はべ》って、おいしいもんを食って、楽しく、「こりゃ、こりゃ」だ。安倍さんみたいに、「夜、眠《ねむ》れん」っちゅうのは、そんなもん、もう、金玉がちっちゃい……。ああ、いやいや、失礼した。神経が細いんだ。

酒井　あなたも、いずれ、そういう立場に立つと思います。

金正恩守護霊　わしには、そんなことはない。

酒井　そうなります。

これまでの対話は「ただの漫談《まんだん》」だったのか

酒井　では、今日は、どうもありがとうございました。

金正恩守護霊　わしは、あと五十年間、世界を支配……。

酒井　もう結構です。これ以上やっても、話が膨《ふく》らみませんので。

金正恩守護霊　君ら、全然、肝心《かんじん》なところを突《つ》いてきてない。

酒井　どこですか。例えば？

金正恩守護霊　結局、何も情報が取れなかったじゃないか。漫談《まんだん》をやっただけだよ。ただの漫談だ。

酒井　情報は取りました。

金正恩守護霊　何の情報も取れてないよ。（酒井に）これでは、君は失格だね。君が防衛省に嘱託《しょくたく》で雇《やと》われることはないわ。

酒井　別に、行くつもりはありません。

綾織　そんな必要はありませんから。

金正恩守護霊　この教団は、もうすぐ取り潰しだから、防衛省か自衛隊か、どこかで雇ってもらわないといかん。

酒井　あなたは、そういう性格なので……。

金正恩守護霊　（酒井に）あんたなんか、槍《やり》を持って突っ込《こ》んでいくほうだ。体力があるから、二等兵で雇ってくれるわ。

酒井　今、槍なんか使いません。

14　霊言《れいげん》収録を粘《ねば》る金正恩守護霊

まだ「大事なこと」を訊《き》かれていない？

酒井　はい。ありがとうございました。

金正恩守護霊　え？　これでいいのか？

酒井　ええ。結構です。

金正恩守護霊　これでいいの？

酒井　はい。これ以上やっても、もう何も出てきませんので。

金正恩守護霊　もうちょっと、ちゃんと訊《き》けよ。

酒井　いや、あなたは、はっきりと言わないじゃないですか。

金正恩守護霊　「大事なこと」を訊かないからじゃないの。

酒井　では、「大事なこと」とは何ですか。

金正恩守護霊　当たったら、言ってやるよ。おまえ、何も冴《さ》えたもんがないね。霊感《れいかん》ゼロだろう？　偉《えら》そうにしてるけど。

酒井　（苦笑）あなたに言われる筋合いはないですよ。

金正恩守護霊　霊感もないのにさあ、いつも偉そうにしてるんじゃないよ。

酒井　いえいえ、偉そうにはしていません。

結局、ボストンマラソンのテロとの関係は

矢内　では、お訊きしますが、ボストンマラソンのテロは、あなたが指示を出しましたか。

金正恩守護霊　あんな、三人ぐらい殺すのに、なんで、わしがやらないといかんのだ。ええ？　わしがやるときには三千人以上を殺すよ。

矢内　もっとでしょう。あれは、もっと殺すつもりだったのではないですか。

金正恩守護霊　うーん。もっと殺《や》る。もっと殺る。

矢内　「爆弾《ばくだん》が七発ぐらい仕掛《しか》けられていた」という話もあります。

金正恩守護霊　わしが言うとしても、せいぜい、「アメリカを、ちょっと攪乱《かくらん》してもいいかなあ」ということぐらいしか言わんだろうな。具体的に、「三人、殺せ」だの、「百何十人、ケガをさせろ」だの、そんなことは言うわけないだろう？

矢内　では、配下の工作部隊か何かが内容を決めたのですか。

金正恩守護霊　あんな小さなテロじゃ、恥《は》ずかしくって……。

酒井　では、あれは、あなたの指示によるものではない？

金正恩守護霊　ん？　アルカイダにしちゃ、ちっちゃいじゃないか。あんなのは、ほとんど個人でできるレベルだからね。

まあ、わしは、誰《だれ》がやったか、知らんよ。だけど、アメリカに忍《しの》び込《こ》んでる、コリアン系の者なんかが、武器商人から何か手に入れれば、やれるだろうなあ。アメリカには、わしの味方やファンだっておるだろう。それだけのことだ。

矢内　そのもとには、やはり、あなたの意向が存在していたのですか。

金正恩守護霊　わしを助けたいと思う人は全世界にいるわけよ。わしを〝救世主〟と崇《あが》めとる人がいっぱいいるんだよ。「今、韓《かん》半島が世界の中心になるべきだ」と思うとる人もいるわけだ。

韓国《かんこく》に攻《せ》め込《こ》む準備は、もうできている

酒井　今年の秋までに韓国《かんこく》に攻《せ》め込《こ》みます？　イエスか、ノーか。

金正恩守護霊　攻め込むねえ。

酒井　韓国を取りに行くんですか。

金正恩守護霊　もう準備はできてるよ。パラシュート部隊まで練習してる。今日でも大丈夫《だいじょうぶ》です。今夜でも取りに行けます。

矢内　本当は、戦争をするつもりなど、まったくないのではありませんか。

金正恩守護霊　それはねえ、日本のテレビ朝日や朝日新聞の考え方です。はい。

矢内　あなたが置かれている状況《じょうきょう》を見ると、「とても戦争をしている場合ではない」と思うんですけどね。

酒井　（矢内に）ただ、この人（金正恩）は、ちょっと頭が狂《くる》っているので……。

矢内　あ、そうか。なるほど。ちょっと違《ちが》いますね。

金正恩守護霊　頭が何？　よく聞こえなかった。

酒井　「狂っている」と。

金正恩守護霊　狂ってる？　一種のほめ言葉だな？

酒井　（苦笑）はい。

北朝鮮《きたちょうせん》が日本に対してテロを行う可能性もある

酒井　では、秋までには何らかの……。

金正恩守護霊　秋までじゃなくて、今晩からでも……。

酒井　夏までには……。

金正恩守護霊　占領《せんりょう》可能です、今晩からでも。

酒井　それは嘘《うそ》ではないですね？

金正恩守護霊　まあね。「米韓合同訓練を月末までやる」と言うとるからさ、そのへんをちょっと見て、アメリカが、どれだけ折れ、あと、韓国が、どれだけ条件を出してくるかだな。「下」から交渉《こうしょう》してくるからさ、そのへんについて、今、ちょっと見積もりを立ててるとこだ。

まあ、「安倍《あべ》で長期政権ができる」なんていう夢想は、やめたほうがいいよ。参院選に勝とうとしている参院選に執着《しゅうちゃく》してるところが彼の「最大の弱点」だわ。参院選に勝とうとしているために、一生懸命《いっしょうけんめい》、タカ派色を消そうとしてるだろう? これは彼の「最大の弱点」だな。だから、今、彼は攻撃《こうげき》的な言論を吐《は》けないでいる。な? かわいそうだのう。日本は不自由な国だのう。政治家は、牢獄《ろうごく》のなかにいるのと同じだわ。

酒井　では、「参院選のころまでには必ず何か手を打つ」ということですね。

金正恩守護霊　いや、別に日本の政治家は誰も怖《こわ》くないからね。

酒井　日本は関係ない?

金正恩守護霊　うん。全然怖くないので。

矢内　日本に対してテロを行う可能性はありますか。

金正恩守護霊　いつでもできたよ、今までもね。これからも、いつでも可能だよ。日本なんか、〝スカスカ〟で、警備なんか何もしてないじゃないか。どこだって狙《ねら》えるわ。新幹線の爆破なんて簡単だよ。

酒井　（ほかの質問者たちに）もう、よろしいですか？（金正恩守護霊に）では、どうもありがとうございました。

金正恩守護霊　はい。

15 今こそ「北朝鮮《きたちょうせん》の武装解除」を

今、得意の絶頂にある金正恩

大川隆法　こういう人でした。

（質問者たちに）どうでしょうか。

彼にディズニーランドを貸し与《あた》えてやりたい気持ちは、少しありますね。そうすればば彼のストレスが少しは抜《ぬ》けるでしょう。

酒井　（笑）

大川隆法　地上の本人にも、あんな気分はあるでしょうね。

酒井　今は、最も喜んでいるときでしょうね。

大川隆法　得意の絶頂ではないでしょうか。気分はいいだろうと思います。

酒井　気分はいいでしょうね。「自分の発言で世界は動いている」と感じているかもしれません。

大川隆法　アメリカも中国も韓国《かんこく》も日本も、自分が振《ふ》り回している気になっていることでしょう。そして、国内は、全部、イエスマンですから、持ち上げられているでしょう。外国に「懲罰《ちょうばつ》を加える」と言うんですから、すごいもので、〝ご立派〟です。

酒井　今、彼は、「思ったことは、すべてできる」と思っているのでしょう。

大川隆法　自分が〝神〟になっているつもりのようです。

防衛のため、日本も北朝鮮《きたちょうせん》に届く程度のミサイルはつくるべき

大川隆法　今回、得られた情報が、どこで、どのように使用されるか、知りませんが、

天声人語子《てんせいじんごし》も私の著書を読んでいると推定されるので、日本にとって、多少、情報分《ぶん》析《せき》の材料にはなるでしょう。

北朝鮮《きたちょうせん》や中国に、新しい指導者が出てくれば、本来、日本にも歓迎《かんげい》ムードが少しは出るものですが、金正恩と習近平《しゅうきんぺい》に関しては、それがまったく出ないで、最初から警《けい》戒《かい》ムードになっています。それには、彼らに関する情報を、当会がいち早く発信したことが大きく寄与《きよ》していると思います。

今日の話も、おそらく、防衛省や自衛隊では、つぶさに情報分析されることだと思いますね。「金正恩は、どういう人物であるか」ということが、きっと分析されるはずです。

私は、「ただただミサイルが来るのを待ち受け、来たら迎撃《げいげき》する」ということだけでは、日本は、もうもたないと思います。やはり、〝チャンス〟に乗じるべきでしょう。韓国だって、やっているわけですから、北朝鮮に届くミサイルぐらいはつくるべきです。今の状態では、これに正面切って反対することはできないでしょう。

北朝鮮は去年の十二月にもミサイルを撃《う》ち、今年は三度目の核《かく》実験も行いました。北朝鮮がいつでもミサイルを撃てるのは、もう分かっていることなので、「ミサイル発射が今でさえなければ、それでよい」というのは、バカげた議論なのです。

今のマスコミの反応の仕方は、「自分たちの緊張感《きんちょう》が続かないから、もう早く終わってほしい」と思っているだけのことですね。

だから、まずは、北朝鮮に届く程度のミサイルはつくるべきだと思います。そのくらいは防衛の範囲《はんい》内に入っているのではないでしょうか。

アメリカも韓国《かんこく》も日本も「腰抜《こしぬ》け状態」

大川隆法　今の日本は、ちょっと情けない状態です。

安倍《あべ》さんも、本当は何か言いたいはずですが、参院選の前なので言えないでいます。向こうは彼の最大の弱点をよく知っています。

安倍さんは、党内から、「軍国主義的なことを言うと選挙で負けてしまう。とにかく、次の参院選で勝ち、国会議員の三分の二の議席を取りたい」と言われ、「口封《ふう》じ」をされているのだと思います。
これが彼の弱さですね。そのため、リーダーシップがないように見えるのです。
今の政府や与党は、「ただただ、借りてきた猫《ねこ》のように、いい子にしていると、支持率が上がる」と思っているわけですが、向こうは、ある意味で、民主主義の弱点を知り抜《ぬ》いてはいますね。

酒井　そうですね。アメリカも韓国《かんこく》も日本も、今は、もう腰抜《こしぬ》け状態になっています。

大川隆法　腰抜け状態でしょうね。おそらく、そのとおりでしょう。

酒井　これについては、何らかの手を打たないといけません。

大川隆法　（矢内党首に）金正恩守護霊は幸福実現党を〝応援《おうえん》〟してくれているのだそうです。〝よかった〟ですね。

酒井　（笑）

金正恩は五十年権力を維持《いじ》し、「世界の帝王《ていおう》」になる気なのか

綾織　金正恩守護霊は、最後に、何か言おうとしていましたが。

大川隆法　「五十年やって、世界の帝王《ていおう》になる気でいる」ということではないでしょうか。若いですからね。三十歳《さい》というのは、そういうことを思う年齢《ねんれい》ですよ。

酒井　今回の霊言《れいげん》で、何かを宣伝したかったのかもしれません。

大川隆法　「一年ぐらいで代わるような総理など、何も怖《こわ》くない。あと五十年、軍の全権を握《にぎ》っている自分は、どれほど強いか」ということを、知ってほしかったのではないでしょうか。

そして、「死人に口なし」で、「死んだ父親や祖父なんか、もう、どうでもよい」という〝境地〟にまで達したわけでしょうか。

この霊言を人々がどう読むかは知りませんが、とにかく、そろそろ当会発信の情報

が欲《ほ》しいころでしょうから、まあ、出しておいたほうがよいでしょう。

酒井　今回の霊言も非常に重要な情報だと思います。

大川隆法　かなり、はぐらかされたので、核心に触《ふ》れる内容まではズバッと訊《き》けていなかったかもしれません。

彼（金正恩）には奥《おく》さんがいましたね。奥さんの守護霊を呼んだら、何か話してくれないでしょうか（笑）。

酒井　うーん。そうですねえ。話せるでしょうか。

大川隆法　あの国で誰《だれ》が情報を握っているか、よく分かりませんね。

年とともに老獪《ろうかい》になる可能性がある金正恩

大川隆法　「四月十日以降、大使館員は平壌《ピョンヤン》から退避《たいひ》せよ」と言ったのに、今日は四月十六日であり、一週間ぐらいミサイルを撃っていないので、その意味で、それほど単純な相手ではないのではないでしょうか。私は、そのように感じています。カッときて、すぐに何かやるほど、単純な人物ではないようです。

そういう意味では、年とともに老獪《ろうかい》になってくる可能性はあると思います。日本の今の政治家は、選挙で選ばれるため、選挙で勝たなかったら消えますが、あれでは、まったく長期戦略が立てられないので、実に厳しい状態ではあります。だから、長期戦略を立てられるのは宗教のほうだったりしますね。

この人に、かなり振り回されることになるのでしょうか。

でも、また何か動きがあったときに、チャンスはあるでしょう。

酒井　そうですね。

大川隆法　「神経戦」を世界に仕掛《しか》けるぐらいの〝胆力《たんりょく》〟があるようです。

オバマさんも、ボストンでテロが起きたので、このあと、しばらくは動きにくいでしょう。

酒井　従来のアメリカであれば、もう、ここで、何らかの手を打たなくてはいけないのでしょうが……。

大川隆法　きちんと科学的捜査《そうさ》をして、テロの犯人の割り出しをしないといけません。そうでないと動けないのです。これが先進国の気の毒なところです。

一方、北朝鮮のようなところは、「何をしても構わない」と考えるんですけどね。日本については、「いつでも攻撃《こうげき》できるし、テロも起こせる」と言っていました。矢内さんは、テロで狙《ねら》ってもらえば、有名になって、新聞の第一面に載《の》るかもしれません（笑）。

矢内　それで日本を救えるのであれば……。

大川隆法　髪《かみ》の毛が少し少なくなるぐらいは……。

矢内　北朝鮮本土に突《つ》っ込《こ》むぐらいの気持ちで……。幸福実現党は、立党の原点が北朝鮮問題なので……。

道州制の導入は日本の〝自殺〟に相当する

大川隆法　先日（二〇一三年四月十四日）、咲也加《さやか》（大川家長女。幸福の科学常務理事兼《けん》宗務《しゅうむ》本部総裁室長）が講話（「人を動かす誠の力――吉田松陰《よしだしょういん》の生き方に学ぶ」）で言っていたように、「幸福実現党の立党から四年たって、何が進んだのですか」と問うてみると、日本では何も進んでいません。

結局、向こうの軍備が進んだだけですね。向こうは核装備が完成してきているわけです。このまま、「ミサイルを撃たなかったから、よかった」などと言っていると、ますます核装備が進んでいくだけのことです。

北朝鮮には、やはり、どこかで武装解除をさせ、そして、〝狂犬《きょうけん》〟の排除《はいじょ》をしなければいけないでしょう。そこまで目指さなくてはなりません。「拉致《らち》された人たちを返してください」と言うだけでは駄目《だめ》なのです。

昨日《きのう》、車に乗っていて、車窓から自民党のポスターを見たのですが、「日本を取り戻《もど》す」などと言っています。あんな消極的なポスターでは駄目です。あの言葉だと、もう日本は占領《せんりょう》されたあとであるかのような印象を受けますよ。

矢内　そうですね。

大川隆法　去年公開した当会の映画では、広告で「日本奪還《だっかん》」という言葉を使いました。

酒井　映画「ファイナル・ジャッジメント」ですね。

大川隆法　その影響《えいきょう》を受けたのかどうか知りませんが、「取り戻す」というのは、「もう、なくしている」ということですから、消極的すぎます。もう少し前向きでなくては駄目ですね。

矢内　すでに北朝鮮の具体的な脅威《きょうい》が立ち上がりましたので、幸福実現党としては、本当に、「日本を守る」ということを、しっかりと訴《うった》え続けてまいります。

大川隆法　安倍さんは、基本的に、参院選が終わるまでは何も言えないでしょう。また、反対勢力のほうは、参院選で与党系に三分の二の議席を取らせないように動いてくるだろうと思います。

酒井　そうですね。自民党政権の最大の弱点が分かりました。

大川隆法　また、自民党は、票を集めたいので、「日本維新《いしん》の会」に、道州制を呑《の》むようなことを言い、秋波《しゅうは》を送ったりしています。

しかし、「では、今、東日本大震災《だいしんさい》からの復興を、例えば宮城県だけでやれるのか」「日本の防衛を九州や沖縄《おきなわ》だけでやるのか」などと考えれば、できないことだらけです。今、道州制を導入するのは、日本の〝自殺〟に相当することだと思います。

今、足りないのは、「トップリーダーの求心力と判断力」

大川隆法　今、足りないのは、やはり、「トップリーダーの求心力、および判断力」

だと私は思います。

「立場的に上へ行くほど、無能になり、何も判断ができなくなり、何も言えなくなる」という、日本的カルチャーの弱点が攻《せ》められているように見えます。

今の日本がアメリカからも軽く見られているのを私は感じます。

オバマさんは、どちらかといえば、安倍さんを嫌《きら》っているようです。「戦争好きの金正恩の仲間だ」と思っているように見えるのです。

このへんについても、もう少しはっきりと、ものを言わないといけないのではないでしょうか。

矢内　幸福実現党は、この状況《じょうきょう》をしっかりと踏《ふ》まえて正論を述べ、言うべきことを、はっきりと言い、日本の危機を救うべく、夏の参院選での大勝利に向けて、突き進んでまいります。

大川隆法　幸福実現党が、また零《れい》コンマ何パーセントしか票が取れず、それが民意であるのなら、「この国は、もう少し手痛い目に遭《あ》わないと分からない」ということなので、ある程度、自業自得《じごうじとく》を経験しなくてはいけないことになりましょう。

ただ、世界は少しずつ動いてきているように感じられます。

国会議員を出せないでいる、幸福実現党の政策を、政権与党の自民党が、「パクリだ」と言われつつも、そっくりそのまま頂いて、あたかも自民党から出たもののようにPRしながら、政治を行っているのを見れば、実は、勝利は近づいているのかもしれません。

矢内　大川総裁の御《お》言葉どおりに世の中は動いていくので、幸福実現党は、その前衛部隊として、当会の信者と共に、本当に命を懸《か》けて頑張《がんば》ってまいります。

大川隆法　もう少し粘《ねば》らないと駄目かもしれません。

ただ、少しずつ動いてはいると思います。

酒井　はい。どうもありがとうございました。

あとがき

アメリカ合衆国が超大国の座からすべり落ちようとしている。そのスキに、中国は、北朝鮮問題を利用して、対中国包囲網を破ろうとしている。中国もまた、オバマ氏の弱点も、安倍自民党の弱点も知り抜いている。実に老獪《ろうかい》だ。

中国抜きで北朝鮮の武装解除を目指す方向に戦略を固めねばならない。ここで中国に恩を売られるようでは、今後十年の中国の海洋覇権主義を止めることは著しく困難となる。日本よ、国家たれ。集団的自衛権など早々と決めて、選挙で信を問えばよいのだ。後手後手《ごてごて》の、言わぬが花主義のほうが選挙に勝利するという、日本的悪弊《あくへい》は、国民への背信であることを、マスコミも政治家も自覚すべきである。

三カ月間支持率がジリジリ上がっているが、「安倍さんの本質も、やはりポピュリストか。」という失望も静かに広がっていることを、安倍首相にも直言しておきたい。

二〇一三年　四月十七日

幸福《こうふく》の科学《かがく》グループ創始者兼総裁《そうししゃけんそうさい》　大川隆法《おおかわりゅうほう》

『守護霊インタビュー　金正恩の本心直撃！』大川隆法著作関連書籍

『北朝鮮の未来透視に挑戦する』（幸福の科学出版刊）
『長谷川慶太郎の守護霊メッセージ――緊迫する北朝鮮情勢を読む――』（同右）
『守護霊インタビュー　皇太子殿下に次期天皇の自覚を問う』（同右）
『サッチャーのスピリチュアル・メッセージ』（同右）
『北朝鮮――終わりの始まり――』（幸福実現党刊）
『温家宝守護霊が語る　大中華帝国の野望
――同時収録　金正恩守護霊インタヴュー――』（同右）
『国防アイアンマン対決』（同右）

守護霊《しゅごれい》インタビュー　金正恩《キムジョンウン》の本心直撃《ほんしんちょくげき》！

2013年４月21日　初版第１刷

著　者　　大《おお》　川《かわ》　隆《りゅう》　法《ほう》

発　行　　幸福実現党

〒107-0052　東京都港区赤坂２丁目10番８号
TEL(03)6441-0754

発　売　　幸福の科学出版株式会社

〒107-0052　東京都港区赤坂２丁目10番14号
TEL(03)5573-7700
http://www.irhpress.co.jp/

印刷・製本　株式会社 東京研文社

落丁・乱丁本はおとりかえいたします

ISBN978-4-86395-328-4 C0030
写真：Photoshot/アフロ、KCNA/AP/アフロ

大川隆法 ベストセラーズ・北朝鮮の野望を見抜く

長谷川慶太郎の守護霊メッセージ

緊迫する北朝鮮情勢を読む

軍事評論家・長谷川氏の守護霊が、無謀な挑発を繰り返す金正恩の胸の内を探ると同時に、アメリカ・中国・韓国・日本の動きを予測する。

1,300円

北朝鮮の未来透視に挑戦する

エドガー・ケイシー リーディング

「第2次朝鮮戦争」勃発か!? 核保有国となった北朝鮮と、その挑発に乗った韓国が激突。地獄に堕ちた"建国の父"金日成の霊言も同時収録。

1,400円

北朝鮮 —終わりの始まり—

霊的真実の衝撃

「公開霊言」で明らかになった北朝鮮の真実。金正日が自らの死亡前後の状態を、後継者・金正恩の守護霊が今後の野望を語る。
【幸福実現党刊】

1,300円

※表示価格は本体価格(税別)です。

大川隆法 霊言シリーズ・中国の今後を占う

中国と習近平に未来はあるか

反日デモの謎を解く

「反日デモ」も、「反原発・沖縄基地問題」も中国が仕組んだ日本占領への布石だった。緊迫する日中関係の未来を習近平氏守護霊に問う。

【幸福実現党刊】

1,400円

周恩来の予言

新中華帝国の隠れたる神

北朝鮮のミサイル問題の背後には、中国の思惑があった！ 現代中国を霊界から指導する周恩来が語った、戦慄の世界覇権戦略とは!?

1,400円

小室直樹の大予言

2015年 中華帝国の崩壊

世界征服か？ 内部崩壊か？ 孤高の国際政治学者・小室直樹が、習近平氏の国家戦略と中国の矛盾を分析。日本に国防の秘策を授ける。

1,400円

幸福の科学出版

大川隆法霊言シリーズ・世界の指導者の本心

サッチャーのスピリチュアル・メッセージ

死後19時間での奇跡のインタビュー

フォークランド紛争、英国病、景気回復……。勇気を持って数々の難問を解決し、イギリスを繁栄に導いたサッチャー元首相が、日本にアドバイス！

英語霊言 日本語訳付き

1,300円

バラク・オバマのスピリチュアル・メッセージ

再選大統領は世界に平和をもたらすか

弱者救済と軍事費削減、富裕層への増税……。再選翌日のオバマ大統領守護霊インタビューを緊急刊行！日本の国防危機が明らかになる。

【幸福実現党刊】

英語霊言 日本語訳付き

1,400円

安倍新総理スピリチュアル・インタビュー

復活総理の勇気と覚悟を問う

自民党政権に、日本を守り抜く覚悟はあるか⁉　衆院選翌日、マスコミや国民がもっとも知りたい新総理の本心を問う、安倍氏守護霊インタビュー。

【幸福実現党刊】

1,400円

※表示価格は本体価格（税別）です。

大川隆法 霊言シリーズ・時代を変革する精神

ヤン・フス ジャンヌ・ダルクの霊言

信仰と神の正義を語る

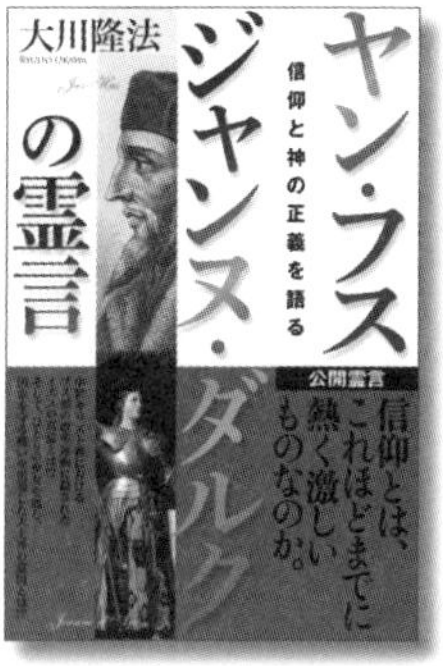

内なる信念を貫いた宗教改革者と神の声に導かれた奇跡の少女——。「神の正義」のために戦った、人類史に燦然と輝く聖人の真実に迫る!

1,500円

王陽明・自己革命への道

回天の偉業を目指して

明治維新の起爆剤となった「知行合一」の革命思想——。陽明学に隠された「神々の壮大な計画」を明かし、回天の偉業をなす精神革命を説く。

1,400円

日本陽明学の祖 中江藤樹の霊言

なぜ社会保障制度は行き詰まったのか!? なぜ学校教育は荒廃してしまったのか!? 日本が抱える問題を解決する鍵は、儒教精神のなかにある!

1,400円

大川隆法 ベストセラーズ・希望の未来を切り拓く

未来の法

新たなる地球世紀へ

暗い世相に負けるな！ 悲観的な自己像に縛られるな！ 心に眠る無限のパワーに目覚めよ！ 人類の未来を拓く鍵は、一人ひとりの心のなかにある。

2,000円

Power to the Future

未来に力を

英語説法集
日本語訳付き

予断を許さない日本の国防危機。混迷を極める世界情勢の行方——。ワールド・ティーチャーが英語で語った、この国と世界の進むべき道とは。

1,400円

教育の使命

世界をリードする人材の輩出を

わかりやすい切り口で、幸福の科学の教育思想が語られた一書。イジメ問題や、教育荒廃に対する最終的な答えが、ここにある。

1,800円

※表示価格は本体価格（税別）です。

されど光はここにある

天災と人災を超えて

被災地・東北で説かれた説法を収録。東日本大震災が日本に遺した教訓とは。悲劇を乗り越え、希望の未来を創りだす方法が綴られる。

1,600円

政治と宗教の大統合

今こそ、「新しい国づくり」を

国家の危機が迫るなか、全国民に向けて、日本人の精神構造を変える「根本的な国づくり」の必要性を訴える書。

1,800円

国を守る宗教の力

この国に正論と正義を

３年前から国防と経済の危機を警告してきた国師が、迷走する日本を一喝！　国難を打破し、日本を復活させる正論を訴える。
【幸福実現党刊】

1,500円

大川隆法 ベストセラーズ・幸福実現党が目指すもの

幸福実現党宣言

この国の未来をデザインする

政治と宗教の真なる関係、「日本国憲法」を改正すべき理由など、日本が世界を牽引するために必要な、国家運営のあるべき姿を指し示す。

1,600円

政治の理想について

幸福実現党宣言②

幸福実現党の立党理念、政治の最高の理想、三億人国家構想、交通革命への提言など、この国と世界の未来を語る。

1,800円

政治に勇気を

幸福実現党宣言③

霊査によって明かされる「金正日の野望」とは? 気概のない政治家に活を入れる一書。孔明の霊言も収録。

1,600円

新・日本国憲法試案

幸福実現党宣言④

大統領制の導入、防衛軍の創設、公務員への能力制導入など、日本の未来を切り開く「新しい憲法」を提示する。

1,200円

夢のある国へ――幸福維新

幸福実現党宣言⑤

日本をもう一度、高度成長に導く政策、アジアに平和と繁栄をもたらす指針など、希望の未来への道筋を示す。

1,600円